8°R

I0104398

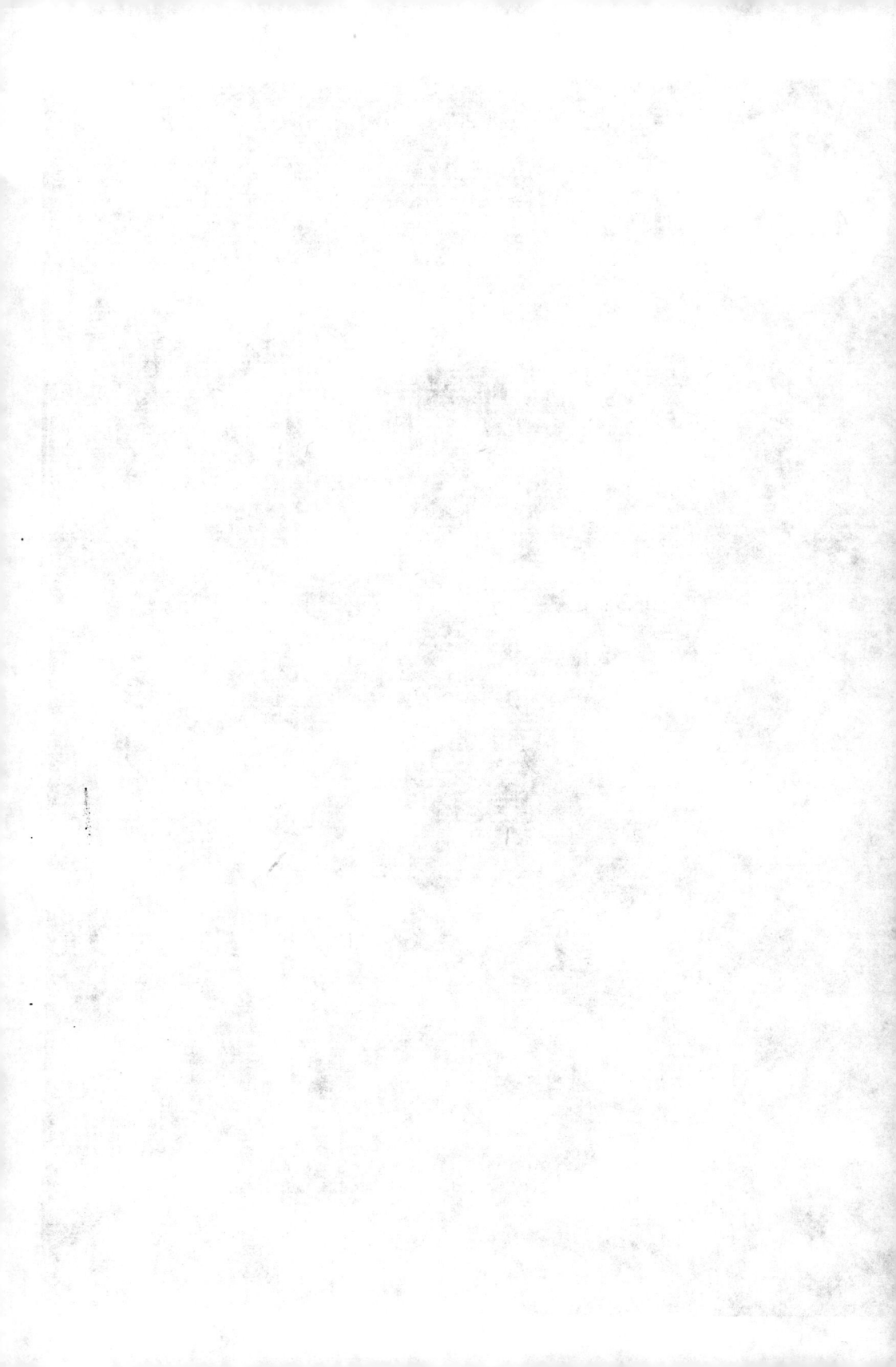

BOURSE DU TRAVAIL DE TOULON

8°R
19455

ᴀ DES CHAMBRES SYNDICALES OUVRIÈRES DU VAR

COMPTE RENDU

DU

1ᵉʳ Congrès Régional

DÉPOT LÉGAL
VAR
№ 229
1904

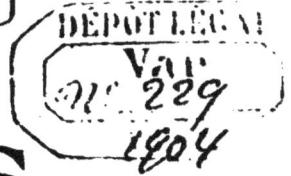

POUR LA REVISION DE LA LÉGISLATION

SUR LES

ACCIDENTS DU TRAVAIL ET LA SUPPRESSION DES ABUS

Tenu à Toulon, du 28 au 30 Mars 1904

TOULON
Imprimerie du " PETIT VAR "
Boulevard de Strasbourg et rue d'Autrechaus

1904

BOURSE DU TRAVAIL DE TOULON

UNION DES CHAMBRES SYNDICALES OUVRIÈRES DU VAR

COMPTE RENDU

DU

1ᵉʳ Congrès Régional

POUR LA REVISION DE LA LÉGISLATION

SUR LES

ACCIDENTS DU TRAVAIL ET LA SUPPRESSION DES ABUS

Tenu à Toulon, du 28 au 30 Mars 1904

TOULON
Imprimerie du " PETIT VAR "
Boulevard de Strasbourg et rue d'Antrechaus
1904

SOMMAIRE

OUVRAGE COMPOSÉ PAR DES OUVRIERS SYNDIQUÉS

BOURSE DU TRAVAIL DE TOULON

Commission d'étude pour l'organisation d'un Congrès Régional sur la loi du 9 avril 1898, modifiée par la loi du 22 mars 1902.

MEMBRES DE LA COMMISSION D'ORGANISATION

CHAUVIN Auguste, président.
LINGUEGLIA Edouard, vice-président.
IMBERT Achille, secrétaire-rapporteur.
DORIA Marius, rapporteur général.
DELAVET François, DEL AT Louis, BERIOT Laurent.

RAPP VAUX

DE LA COMMIS ANISATION

Camarades,

La loi du 9 avril 1898 qui a fait pousser des cris à tout le patronat et dont l'application a dû être retardée à cause de la violence des protestations des gros usiniers; cette loi qui devait faire sombrer tout le commerce national et transporter l'industrie française au-delà des frontières a été appliquée et l'industrie et le commerce n'ont subi aucune perte.

La charge du patronat de la responsabilité des acci-

dents survenus aux ouvriers est une des résultantes
du progrès industriel.

Comment peut-on admettre que le patron qui n'engage que son argent et quelquefois l'argent des autres
absorbe tout le bénéfice au perfectionnement mécani-
que et laisse son ouvrier blessé ou ayant acquis une
maladie incurable, aux prises avec la misère pour le
restant de ses jours.

La loi sur les accidents a répondu en partie à cette
nécessité sociale et c'est une vérité de jour en jour plus
éclatante que le progrès doit être le bienfaiteur de
l'humanité et non son ennemi.

Mais les législateurs ont, en cette circonstance, tenu
un peu trop compte des protestations des grands industriels qui savent se faire entendre dans les hautes sphè-
res, quoique numériquement ils soient moins nombreux
que les ouvriers.

Camarades, cette loi a néanmoins rendu d'incalcula-
bles services si nous comparons la situation passée à la
présente.

Nous voyons que sous l'ancienne loi, l'ouvrier blessé
ne pouvait faire valoir ses droits qu'avec l'assistance
judiciaire, mais pour en arriver là, que de démarches
interminables, que de déboires, que d'ennuis ! Et, lorsqu'il l'avait enfin obtenue, était-il au bout de ses souffrances ? Si le patron prouvait que la responsabilité de
l'accident dérivait de la faute de l'ouvrier, celui-ci était
purement et simplement débouté et c'était pour lui et
sa famille la misère noire.

La loi de 1898, au contraire, rejette toute la responsabilité sur le patron, l'ouvrier a, de droit, l'assistance
judiciaire, il suffit qu'il fasse la déclaration de l'accident à la mairie, et le patron lui doit son demi-salaire ;
en cas d'incapacité partielle et permanente, une rente
viagère doit lui être assurée. Il y a donc un progrès
immense de ce côté ; nous sommes persuadés que s'il
prenait la fantaisie à nos législateurs d'abroger cette
loi, pour retourner à l'ancienne, il y aurait une protestation générale parmi les travailleurs.

La Commission du Congrès a abordé là un travail des
plus ardus, mais aussi des plus utiles, et si l'effort
qu'elle a fait pouvait apporter quelque amélioration au
sort des victimes du travail, elle aurait fait une œuvre
de philanthropie et d'humanité par excellence.

Si elle n'avait fait que réveiller l'attention des indif-
férents, elle n'aurait pas perdu son temps.

Ceci dit, nous venons vous exposer succinctement le résultat des travaux de la Commission.

Après sa constitution, elle a abordé l'étude des premiers articles de la loi du 9 avril 1898 et chacun de ses membres frappé des lacunes existant dans l'article premier : dans le nouvel article premier tous les travailleurs, à quelque catégorie qu'ils appartiennent, soit l'ouvrier des champs, domestique, employé de commerce et ce, sans aucune réserve ni restriction.

Pour l'article deux, elle a admis un principe beaucoup plus large d'indemnité, offrant beaucoup plus d'équité et de justice. En effet les rentes en cas d'incapacités permanentes ou partielles, sont établies d'après un tarif qui ne compense pas la diminution de la valeur professionnelle.

La Commission pose le principe de la compensation intégrale de la perte faite, c'est-à-dire que si l'incapacité partielle entraîne une perte de la moitié de la valeur professionnelle, la rente devra être égale à la moitié du salaire, pour l'incapacité permanente absolue pour laquelle cet article fixe la rente aux deux tiers du salaire. La Commission estime que la totalité du salaire lui est due.

Elle est d'avis que l'ouvrier blessé sur les travaux rentre en jouissance de son salaire de maladie dès le premier jour et non du cinquième jour, ainsi que le veut la loi. De plus, elle estime que les salaires de maladie pour l'incapacité temporaire soient égaux à la totalité du salaire journalier.

Le camarade Doria, secrétaire général, fait remarquer que si l'on veut passer en revue toute la loi, il faudrait tenir un Congrès National.

La Commission modifie alors le plan de ses travaux et décide de s'occuper spécialement des abus commis par les magistrats, les officiers ministériels et les agents d'affaires.

Comme il y a souvent une différence très sensible dans les enquêtes des juges de paix, la Commission estime que les greffiers devraient mentionner tous les actes, pièces ou mémoires et certificats produits ou rédigés à l'occasion de l'accident.

Le juge de paix devra s'appliquer à demander à l'ouvrier quelle est la nature de l'incapacité subie.

Le juge de paix devra aussi éclaircir le plus possible les défauts de concordance entre les déclarations des agents d'assurances des patrons et celles des certificats médicaux. La Commission pour ce motif désirerait que les certificats fussent transcrits sur l'expédition et sur l'enquête.

Lorsque un officier ministériel (avoué, huissier, greffier) réclame de l'argent aux victimes, qu'il soit poursuivi pour forfaiture.

Enfin elle estime que le dossier soit communiqué à l'avoué de l'ouvrier comme par le passé. Que les médecins de la marine et de l'armée ne soient jamais désignés comme experts ou contre experts dans les affaires d'accidents.

Les avoués devront faire enrôler les affaires le plus tôt possible afin qu'elles soient liquidées le plus tôt. Ils devront faire les communications ou notifications d'avoué à avoué à bref délai pour que les retards ne leur soient pas imputables.

En cas d'appel, l'avoué de 1re instance devra faire diligence pour la transmission du dossier à l'avoué d'appel.

Il devra remettre le dossier à l'avocat au moins huit jours avant la plaidoirie pour que celui-ci puisse l'étudier à fond.

Si le jugement déboute l'ouvrier ou si la rente n'est pas suffisante, l'avoué devra faire toutes les démarches pour lui faire obtenir l'assistance judiciaire en appel avec le plus de diligence possible de façon à ne pas laisser la victime dans la misère.

Quand le jugement est rendu, les avoués devront les communiquer d'urgence aux intéressés.

En prévision de la revision de la rente, les avoués devront remettre les dossiers aux victimes pour qu'elles les aient en leur possession le cas échéant.

Pour le cas où l'ouvrier ne saurait ou ne pourrait remplir l'imprimé pour la déclaration d'accident, l'employé de la mairie devra le faire pour lui.

Enfin ! que les certificats médicaux joints à la déclaration ou produits au cours de l'enquête ne soient jamais établis par le médecin de l'assurance, et que l'imprimé de la déclaration de l'accident mentionne cette disposition pour mettre les intéressés en garde.

Dans le but d'activer les affaires, la création de nouvelles chambres près les Tribunaux civils et d'appel, s'impose.

Pour garantir la jouissance de la rente aux victimes

d'origine étrangère les avocats, avoués, huissiers et agents d'assurances devraient s'abstenir de les circonvenir par des démarches quelquefois aussi pressantes qu'intéressées.

Dans l'intérêt des victimes, les médecins experts devront se réunir dans les huit jours qui suivent leur nomination et ils devront déposer leur rapport au plus tard dans la quinzaine.

Les avocats des ouvriers devront user des derniers certificats produits sur la réquisition des victimes.

La Commission a décidé que le Congrès serait régional et qu'on ferait appel aux Syndicats et Bourses du Travail, Fédérations et Unions compris dans les départements suivants : Var, Bouches-du-Rhône, Alpes-Maritimes, Basses-Alpes, Hautes-Alpes, Algérie, Vaucluse, Gard, Hérault, Aude et Pyrénées-Orientales.

Elle fixe une quotité de cinq francs par organisation adhérente.

Chaque organisation ne pourra avoir qu'un délégué et chaque délégué ne pourra représenter qu'une organisation en plus de son mandat.

Le pouvoir devra être revêtu de la signature des membres du bureau de leur organisation accompagnée de la délibération nommant le délégué, le tout revêtu du sceau.

La date du Congrès a été fixée au 28 mars 1904. La Commission invite l'assemblée à consulter par circulaire toutes les organisations pour savoir si le nombre des adhésions permet de tenir le Congrès.

Par cet exposé, vous pouvez vous rendre compte des travaux de votre commission.

Elle a cru devoir laisser au Congrès le soin d'élargir son champ d'action.

Néanmoins l'ordre du jour tel qu'il est, peut retenir ses séances pendant trois bonnes journées.

BOURSE DU TRAVAIL DE TOULON

UNION DES CHAMBRES SYNDICALES OUVRIÈRES DU VAR

PREMIERE CIRCULAIRE

CONGRÈS RÉGIONAL

Pour la Revision de la Législation

SUR LES

ACCIDENTS DU TRAVAIL ET LA SUPPRESSION DES ABUS

Citoyens et camarades,

La loi du 9 avril 1898, en apportant quelques légères améliorations au régime sur les accidents du Travail, laisse les victimes en présence d'une situation que nous ne devons cesser d'étudier pour signaler aux législateurs les lacunes et les abus auxquels elle a donné lieu.

Il est pénible de voir nos camarades blessés sur les travaux attendre des mois, et même des années avant que la justice se soit prononcée sur leur cas.

La Commission du Congrès a étudié de très près toutes les lacunes de la loi et elle vient vous proposer les modifications pour les combler.

Elle vous transmet ci-après l'ordre du jour du Congrès qui condense le résultat de son étude.

Elle vous engage à apporter toutes les modifications et additions qui vous paraîtront de nature à apporter plus de bien-être aux victimes du travail ou à leurs familles.

Les réponses devront nous être parvenues avant le 30 janvier 1904 pour que la commission puisse compléter l'ordre du jour du Congrès qui s'ouvrira le premier jeudi du mois de mars et durera trois jours.

Nous vous engageons à réunir votre organisation le plus tôt possible et à lui soumettre les diverses questions qui font partie de l'ordre du jour pour qu'elle statue sur les avantages qui pourront sortir d'un Congrès de cette nature.

La Commission a fixé à cinq francs la quotité pour chaque organisation adhérente au Congrès régional et comprenant les Bourses du Travail, les Unions de Syndicats, les Fédérations de métiers, les Syndicats ouvriers ou groupes corporatifs organisés sur les bases de la loi de 1884.

Chaque délégué ne pourra représenter que deux organisations.

Les adhésions devront parvenir le plus tôt possible pour que la Commisson soit fixée sur le nombre des délégués à recevoir.

Il n'est point nécessaire de rentrer dans de longs détails pour vous démontrer tout le bien que pourront retirer les travailleurs de la réunion d'un Congrès spécial pour y traiter une question d'une si haute importance.

Venez donc avec nous discuter les intérêts des victimes du travail. Nous envisagerons ensemble toutes les questions qui seront soumises au Congrès et nous indiquerons aux députés et aux sénateurs quels sont les moyens de protection que nous désirons pour nos frères blessés sur le travail.

Nous espérons que notre appel sera entendu et nous vous engageons à nous fixer le plus tôt possible sur votre participation à cette œuvre de haute justice et d'humanité.

Agréez, Cioyen Président, nos plus fraternelles salutations.

Le Présid nt de la Commission,

Auguste CHAUVIN.

Modifications à apporter à la loi du 9 avril 1898

Modifiée par la loi du 22 mars 1902

ARTICLE 1er. — Le modifier de façon à faire rentrer sans restriction tous les travailleurs des deux sexes, sous le bénéfice de la loi du 9 avril 1898. Les quatre premiers jours de l'accident doivent être payés.

Supprimer le § 2.

ARTICLE 2. § 1er. — Ajouter : Sauf le cas où, soit par ignorance, ou par excès de confiance dans les personnes chargées par l'ouvrier de suivre son affaire, la victime ou ses représentants auraient laissé prescrire ses droits.

§ 2. — Le supprimer.

ARTICLE 3. — Le modifier de façon que les rentes soient égales à la réduction du salaire subie par la victime.

Tant que la blessure ne sera pas consolidée, la victime doit recevoir son salaire journalier complet et dans les conditions normales des habitudes des ateliers ou chantiers où la victime s'est blessée.

Abus à supprimer

DIFFÉRENCE DE PROCÉDER DANS LES JUSTICES DE PAIX

Il arrive très souvent que dans un canton toutes les pièces sont transcrites à l'enquête, tandis que dans l'autre canton on ne trouve que la déclaration de l'ouvrier et celle de la victime.

Les greffiers devraient à l'avenir transcrire sur l'enquête tous les certificats, pièces, mémoires, expertises médicales et autres, etc.

TÉMOINS ET VICTIMES NON COMPARANTS

Le juge de paix devra s'enquérir de leur nouvelle adresse, s'ils ont changé de domicile et les faire entendre par délégation ou ordonnance dans le lieu de leur nouvelle résidence ou à l'hôpital si la victime ne peut se transporter auprès du magistrat.

RÉDUCTION DU SALAIRE

Le juge de paix devrait toujours consigner à l'enquête si l'incapacité est partielle ou permanente. Il consultera la victime à cet effet.

DIVERGENCE ENTRE L'ENQUÊTE ET LE CERTIFICAT MÉDICAL

Pour y parer, le juge devra transcrire en entier les certificats médicaux par ordre de date.

ARGENT RÉCLAMÉ COMME HONORAIRE AUX VICTIMES
PAR LES OFFICIERS MINISTÉRIELS

Introduire dans la nouvelle législation une pénalité qui permette de poursuivre les greffiers, les huissiers et avoués pour forfaiture.

COMMUNICATION DU DOSSIER

L'enquête devra être communiquée à l'avoué dans le plus bref délai et ce dernier devra faire toute diligence pour faire enrôler l'affaire et la remettre ensuite à l'avocat de l'ouvrier.

Les Médecins de l'armée et de la marine ne pourront être désignés pour procéder à des expertises médicales.

ENRÔLEMENT DES AFFAIRES

Les avoués devront faire enrôler les affaires dans le plus bref délai et veiller qu'elles soient plaidées à leur tour.

NOTIFICATION DES PIÈCES D'AVOUÉ A AVOUÉ

Elles devront être faites à bref délai .

APPEL

L'avoué de première instance devra faire diligence pour la transmission à l'avoué d'appel.

PREMIÈRE INSTANCE ET APPEL

L'avoué devra toujours transmettre le dossier à l'avocat, au moins huit jours avant la plaidoirie.

Si le procès est perdu par l'ouvrier ou si la rente n'est pas jugée, par lui, suffisante, l'avoué devra lui rédiger la demande d'assistance judiciaire pour l'appel.

Pour ces deux juridictions, les jugements devront toujours être communiqués aux intéressés dans le plus bref délai.

RÉVISION DE LA RENTE

Le dossier doit toujours être remis à la victime par l'avoué en vue de la revision possible de la rente dans le délai de trois ans.

DÉCLARATION A LA MAIRIE

La déclaration à la mairie devra être remplie par l'employé municipal lorsque l'ouvrier ne sait pas écrire ou ne le peut pas.

CERTIFICAT MÉDICAL

Le certificat ne devrait jamais être délivré par le médecin de l'assurance.

L'imprimé de déclaration de la mairie devrait porter la mention suivante : « La victime est libre de prendre un médecin de son choix pour l'établissement du certificat médical comme pour les soins que nécessite la suite de l'accident ».

CRÉATION DE NOUVELLES CHAMBRES CIVILES PRÈS LES TRIBUNAUX

De nouvelles chambres civiles devront être créées près les cours et tribunaux pour que les affaires d'accidents soient plus actives.

PAIEMENT DES TROIS ANNUITÉS

Les avocats, avoués et huissiers ne devront jamais circonvenir les victimes de nationalité étrangère pour les leur faire accepter.

PROVISION

Que les tribunaux devant lesquels se trouve l'affaire accordent des provisions quand l'accident n'est pas contesté.

MÉDECINS EXPERTS

Ils devront être avisés assez à temps pour qu'ils procèdent à l'expertise dans les huit jours qui suivent leur nomination.

CERTIFICATS

Les avocats devront user des derniers certificats dans l'intérêt de la victime.

INCOMPÉTENCE

L'incompétence devra être vidée séance tenante et sans renvoi ou tout au moins dans la plus prochaine audience.

ASSISTANCE JUDICIAIRE POUR L'APPEL

Qu'elle soit étendue de plein droit pour l'appel et sans que l'ouvrier en fasse la demande.

Nota. — Adresser toutes les correspondances au citoyen Doria, secrétaire général de la Bourse du Travail.

BOURSE DU TRAVAIL DE TOULON

UNION DES CHAMBRES SYNDICALES OUVRIERES DU VAR

DEUXIEME CIRCULAIRE

CONGRÈS RÉGIONAL

Pour la Revision de la Législation

SUR LES

ACCIDENTS DU TRAVAIL ET LA SUPPRESSION DES ABUS

Toulon, 8 février 1904.

Citoyens et Camarades,

La Commission d'organisation du Congrès Régional des accidents du travail a fixé l'ouverture du Congrès qui doit s'ouvrir à Toulon les 28, 29 et 30 mars prochain. Nous prions donc les organisations syndicales, Bourses du Travail, Union des Syndicats, de nous faire connaître au plus tôt les questions qu'il leur paraîtrait utile de débattre et de résoudre en commun.

Dans le mouvement ouvrier qui agite actuellement la classe ouvrière, les Associations syndicales ont à remplir un rôle tout spécial contre l'exploitation des lois ouvrières par certains écumeurs d'affaires.

Camarades, aux syndicats l'étude des grands problèmes économiques qui ouvriront les cerveaux et permettront au prolétariat de prendre conscience de sa misère matérielle et morale, de son énergie et de la faculté qu'il possède d'assurer l'existence de sa famille.

Camarades, nous venons prier aujourd'hui chacune des organisations syndicales d'examiner les questions qu'elles désireraient voir figurer à l'ordre du jour; la date du Congrès étant fixée au 28 mars prochain.

L'ordre du jour définitif du Congrès devant être publié quinze jours avant l'ouverture, le dernier délai pour l'inscription est fixé au 10 mars prochain.

La circulaire suivante fera connaître l'ordre du jour.

Camarades, nous terminons en rappelant que c'est avec le concours de toutes les organisations syndicales que la Commission compte mener à bonne fin les travaux qui lui ont été confiés. Ce concours ne lui manquera pas.

Pour la Commission du Congrès et par ordre,
Le Secrétaire Général

M. DORIA.

Le Président de la Commission,

Auguste CHAUVIN.

BOURSE DU TRAVAIL DE TOULON

UNION DES CHAMBRES SYNDICALES OUVRIÈRES DU VAR

TROISIÈME CIRCULAIRE

CONGRÈS RÉGIONAL

Pour la Revision de la Législation

SUR LES

ACCIDENTS DU TRAVAIL ET LA SUPPRESSION DES ABUS

Citoyens et Camarades,

Nous vous faisons parvenir la dernière circulaire relative à l'organisation du Congrès régional des accidents du travail qui doit se tenir dans notre ville du 28 au 30 mars prochain.

Camarades, sans esprit d'écoles ni de parti, le Congrès est ouvert à tous les syndicats et groupes corporatifs ayant pour but la défense des intérêts des justiciables de cette loi bâtarde, vous ne resterez donc pas en dehors de ce grand mouvement ouvrier, et vous y apporterez vos vues, votre énergie, votre tribut de dévouement.

Conditions d'admission. — 1° La cotisation d'adhésion au Congrès est de 5 francs par organsation.

2° Les votes ont lieu par organisation, un délégué ne peut représenter que deux organisations.

Nota. — Faire parvenir le montant des adhésions au citoyen Doria, secrétaire général de la Bourse du Travail.

S'il vous était pécuniairement impossible d'envoyer un délégué à Toulon, nous vous invitons à donner quand même votre adhésion au Congrès.

En ce cas, la Comisssion d'organisation s'efforcera de vous y faire représenter par un délégué syndiqué.

Proposition de la Chambre syndicale des ouvriers peintres de la ville de Cette. — 1° Que l'on assimile aux accidents du travail les coliques de plomb, causes dérivant des blancs de céruse et autres produits; insolations, congestions par le froid, car l'ouvrier, exposé au soleil ardent l'été, est parfois, souvent même exposé aux froids les plus rigoureux ainsi que dans les courants d'air mortels.

2° Que l'indemnité temporaire soit au moins des 2 3 de la journée intégrale, fixée au tarif, jusqu'à la reprise du travail, c'est-à-dire jusqu'à son complet rétablissement.

Proposition de la Bourse du Travail de Constantine (Algérie). — Que le Gouvernement rende le plus tôt possible par voie de décret applicable à l'Algérie, la loi du 9 avril 1898 sur les accidents du travail, de même que toutes les lois ouvrières.

Proposition de la Bourse du Travail d'Aix-en-Provence. — 1° Article 1er. Ajouter à l'article 1er par un paragraphe, la motion suivante : Les ouvriers victimes d'accident en travaillant accidentellement chez un ouvrier travaillant seul, auront le droit aux mêmes indemnités que les ouvriers travaillant dans une usine ou chantier, les indemnités qui leur seront allouées seront à la charge de la Caisse Nationale des retraites.

Article 1er : Prendre pour base de l'indemnité ou pension allouée à l'ouvrier, la journée quotidienne ou la journée moyenne pour l'ouvrier travaillant aux pièces.

Pour la Commission du Congrès,

Le Secrétaire général,

M. DORIA.

Le Président de la Commission,

Auguste CHAUVIN.

LISTE DES ORGANISATIONS OUVRIÈRES
ADHÉRENTES AU CONGRÈS RÉGIONAL DES ACCIDENTS DU TRAVAIL

Nos	DÉLÉGUÉS	GROUPES	VILLES
1	BORRELY Joseph	Boulangers.	Montpellier.
2	LINGUEGLIA Edouard	Bourse du Travail.	Constantine (Algérie).
3	ARNAUD	Métallurgistes.	La Seyne-sur-Mer.
4	BÉRIOT Laurent	Cimenteurs.	Marseille.
5	MAISONA	Mécaniciens Automobilistes.	Marseille.
6	AUGIER Antoine	Machinistes.	Toulon.
7	JOURDA Martin	Ouvriers du Port	Toulon.
8	LACROIX Antonin	Ports et Docks.	Marseille.
9	DORIA Marius	Métallurgistes.	Toulon.
10	ANTONELLI	Régie Directe.	Toulon.
11	HÉBRÉARD François	Forgerons.	Marseille.
12	REBOUL Amant	Confiseurs.	Toulon
13	CHAMPAGNE	Cordonniers.	Toulon
14	TEISSIER Norbert	Typographes.	Toulon.
15	MARROU	Typographes.	Marseille.
16	ULISSE Jean	Calfats, Perceurs.	Marseille.
17	TOURRE	Union des Chambres Syndical.	Vaucluse.
18	LACHÈVRE	Bourse du Travail.	La Seyne-sur-Mer.
19	LACHÈVRE	Menuisiers.	La Seyne-sur-Mer.
20	ULISSE Jean	Perceurs Charpentiers.	Marseille.
21	BORRELY Joseph	Boulangers.	Toulon.
22	CAZEAU Eugène	Charpentiers.	Toulon.
23	GREUILLET	Peintres.	Perpignan.
24	BILLARD	Mécaniciens des Chemins de fer	Avignon.
25	MAURY	Bourse du Travail.	Narbonne.
26	ETIENNE Louis	Ferblantiers.	Toulon.
27	REYNIER	Bourse du Travail.	Aix.
28	ALBRAND	Chargeurs.	Toulon.
29	AUBET Marius	Bâtiments.	La Garde.
30	NICOLAS Paul	Bourse du Travail.	Arles.
31	MARIN	Fédération des Mineurs.	Gardanne (B.-du-Rh.).
32	CASTEX Bernard	Tonneliers.	Toulon.
33	DELAVET François	Charretiers.	Toulon.

Nos	DÉLÉGUÉS	GROUPES	VILLES
34	JANNOT	Métallurgistes.	Cette.
85	BOURGET	Maçons.	Toulon.
36	GRANGER	Employés Municipaux.	Toulon.
37	JAUBERT	Carrossiers.	Toulon.
88	BONNET	Menuisiers.	Toulon.
39	GINAT Jacques	Abattoir.	Toulon.
40	BLANC Eugène	Bourse du Travail.	Marseille.
41	MARCEL Aimable	Voiliers.	Toulon.
42		Arsenal de Terre.	Toulon.
43		Charpentiers en fer.	La Seyne sur-mer.
44	DUPUY	Commis auxiliaires.	Toulon.
45	IMBERT Achille	Savonniers.	Marseille.
46	CODUR Félix	Coiffeurs.	Toulon.
47	DORIA Marius	Bourse du Travail.	Toulon.
48	IMBERT Achille	Employés de Commerce.	Toulon.
49	DEPRAT Louis	Commis et Employés.	Montpellier.
50	OMS Etienne	Ports et Docks.	Cette.
51	GREUILLET	Peintres.	Toulon.
52	DELAVET François	Tanneurs.	Toulon.
53	CHAUVIN Auguste	Employés de Guelma.	Bône (Algérie).
54	MASSA François	Maçons.	Marseille.
55	JANNOT	Bourse du Travail.	Cette.
56	AUBERT François	Bouchers et Charcutiers.	Marseille.
57	CHAMPAGNE	Ouvriers en Chaussures milit.	Marseille.
58	ORCEL Félix	Ouvriers des Ports Saint Louis.	Saint Louis du Rhône.
59	OMS Etienne	Ouvriers des bois merrains.	Cette.
60		Bourse du Travail.	Béziers.
61	OMS Etienne	Ouvriers fumistes.	Nice.
62	MARROU Louis	6e Groupe Fédéral du Livre.	Marseille.
63	ALLIER	Ouvr. du débarquem. des bois.	Marseille.
64	NOGUES Louis	Peintres en bâtiment.	Marseille.
65		Fédération des Alpes-Maritimes	Nice.

Les organisations syndicales ci-dessus adhérentes au Congrès régional représentent un total de 52,674 travailleurs syndiqués. (Voir à cet effet l'annuaire du ministère du Commerce 1903).

PREMIÈRE JOURNÉE

Lundi 28 Mars 1904 (matin)

RÉCEPTION DES DÉLÉGUÉS

A huit heures du matin, le citoyen Doria, secrétaire général de la Bourse du Travail, et les membres de la Commission d'organisation du Congrès recevaient les délégués.

La façade de la Bourse du Travail est magnifiquement décorée de drapeaux et d'écussons, l'escalier est garni de superbes vases de fleurs et de verdure. Des tentures et des rideaux rouges terminent cette somptueuse décoration qui donne à la Bourse du Travail un air de fête.

PROGRAMME

Lundi 28 mars. — De huit heures à onze heures, réception des délégués, discours du président de la Commission, inscription des délégués, vérification des pouvoirs, de onze heures à midi, apéritif offert par la Commission, au café du Commerce.

A deux heures, réunion plénière; à huit heures spectacle-concert offert par Monsieur Pélegrin, directeur du Casino, aux Congressistes.

Mardi 29. — De huit heures du matin à midi, réunion plénière; de deux heures à 6 heures, réunion plénière.

Mercredi 30. — De huit heures du matin à midi, réunion plénière ; à deux heures de l'après-midi, visite de l'Arsenal Maritime et du cuirassé d'escadre le *Saint-Louis*.

A huit heures, banquet au café du Commerce, offert par la Commission aux congressistes, à messieurs les députés, sénateurs, maire, sous-préfet, conseillers généraux et conseillers d'arrondissement des 1er, 2e 3e et 4e cantons de Toulon, procureur de la République, substitut du procureur, président du Tribunal civil, président du Tribunal de Commerce, président du Conseil des Prud'hommes, président du Syndicat des médecins, président du Syndicat des Commerçants, juges de paix des 1er, 2e, 3e et 4e cantons, bâtonnier de l'ordre des avocats, président de la Chambre des avoués, président de la Chambre des huissiers, avocats-conseils de la Bourse du Travail, greffier chef du Tribunal de Commerce, greffiers des Justices de paix des 1-2 et 3-4 cantons, secrétaire greffier du Conseil des Prud'hommes, directeur du Casino.

Pour la Commission du Congrès et par ordre,

Le Secrétaire général,

M. DORIA.

1er CONGRÈS RÉGIONAL

PREMIÈRE JOURNÉE

Séance du 28 Mars (matin)

Les Congressistes entrent en séance à 10 h. 20.

Le camarade Chauvin, président de la Commission, nommée par la Bourse du Travail de Toulon en vue d'étudier les modifications à apporter à la loi sur les accidents prend place au bureau, assisté des camarades Lingueglia, Beriot et Deprat.

CHAUVIN (Président de la Commission d'organisation). — Camarades. Le 1er Congrès régional de la Bourse du Travail de Toulon est ouvert.

Je vous prie de vous prononcer sur le point de savoir si la presse sera admise à suivre nos travaux.

MARROU (Syndicat des typographes de Marseille). — Je demande la parole.

LE PRÉSIDENT. — La parole est au camarade Marrou.

MARROU (Syndicat des typographes de Marseille). — Je demande que la presse soit admise au Congrès. Nous avons tous ici besoin que l'on donne la plus grande publicité à notre Congrès.

CODUR (Syndicat des coiffeurs de Toulon). — J'appuie la proposition du camarade Marrou de Marseille).

Nous avons en effet besoin de beaucoup de publicité et j'estime que la presse doit être admise.

LE PRÉSIDENT. — Personne ne demande plus la parôle ? Je mets la proposition pour l'admisssion de la presse aux voix.

(A l'unanimité il est décidé que la presse sera admise à suivre les travaux du Congrès).

LE PRÉSIDENT. — Camarades,

J'ai l'honneur de vous remercier d'avoir répondu à notre appel en si grand nombre, pour discuter sur les modifications à introduire à la loi du 9 avril 1898, portant surtout sur les abus qui sont nombreux, hélas !

Je crois que de cette réunion sortira un ensemble de propositions qui marqueront un progrès certain, et qui figureront dignement dans les annales du travail.

Citoyens,

L'initiative première de ce Congrès est due à notre secrétaire général, le camarade Doria.

Le camarade Doria, frappé des anomalies de la loi du 9 avril 1898 résolut d'en saisir la Bourse du Travail, qui alors, nomma une Commission chargée de procéder, pour ainsi dire, à la révision de cette loi et à indiquer les modifications qui lui paraîtraient susceptibles d'y être introduites.

C'est le résultat de cette étude que nous avons résolu de vous soumettre et c'est sur le travail de préparation que nous vous avons invités à venir discuter avec nous.

Camarades,

L'heure est déjà tardive; nous n'aborderons les questions portées à notre ordre du jour que dans la séance de ce soir, à 2 heures.

Mais avant de nous séparer, le camarade *Doria* va faire l'appel des organisations présentes.

LE PRÉSIDENT. — Camarades, vous allez, si vous le voulez bien, procéder à la formation du bureau pour la séance de ce soir.

MARIN (Fédération des mineurs de Gardanne B.-d.R.). — Je demande que le bureau de la Commission exécutive demeure pour la séance de ce soir.

LE PRÉSIDENT. — Personne ne demande plus la parole ? Je mets la proposition du camarade *Marin* aux voix.

Le bureau est maintenu.

DORIA (Rapporteur de la Commission d'organisation). — Les camarades qui prendront la parole sont priés de donner leurs noms et d'indiquer en même temps l'organisation qu'ils représentent. (Assentiment général.)

LE PRÉSIDENT. -- Camarades, la séance est levée. Il est onze heures.

1er CONGRÈS RÉGIONAL

Séance du 28 Mars (soir)

La séance est ouverte à 2h. 30, sous la présidence du camarade Chauvin, président, assisté des camarades Linguaglia, comme secrétaire ; Deprat et Beriot, comme assesseurs.

LE PRÉSIDENT. — Camarades, la séance est ouverte. Le secrétaire va faire l'appel des organisations présentes.

Le procès-verbal de la précédente séance est lu et adopté.

Camarades, je donne la parole au Secrétaire général de la Bourse du Travail, le camarade *Doria*, pour la lecture du rapport primitif du Congrès élaboré par la Commission.

RAPPORT PRIMITIF (Voir page 3)

LE PRÉSIDENT. — Camarades, avant d'aborder l'ordre du jour, il serait urgent de savoir de quelle façon vous voulez procéder pour la discussion de ce rapport, si c'est par Commission ou en Assemblée générale.

CODUR (Syndicat des coiffeurs de Toulon). — Je demande la parole.

LE PRÉSIDENT. — La parole est au camarade Codur, de Toulon.

CODUR. — J'estime que nous devons tous demander une discussion large et libre. Je reconnais quelquefois l'utilité des Commissions, mais dans les circonstances qui nous occupent, je crois qu'il serait préférable que la dicussion ait lieu devant l'Assemblée générale, pour que chacun puisse défendre le mandat qui lui a été confié par son organisation.

Je demande donc qu'on ne nomme pas de Commissions.

Oms (de Cette). — Je désire, pour faciliter le travail de ce Congrès, que nous nommions des Commissions. Nous avons 29 articles dans la loi sur les accidents de travail, nous en céderions 4 ou 5 à chaque Commissions; chacune d'elles pourrait étudier, et après, on pourrait les discuter en Assemblée générale. Sinon, en prenant tous part à la discussion, je suis certain que l'entente ne s'établira pas. A mon avis donc, si les Commissions sont nommées, la lumière et l'union pourront en sortir.

Je demande que le citoyen Président mette ma proposition aux voix.

Jeannot (Bourse du Travail de Cette). — Je suis complètement de l'avis du camarade Oms en ce sens que retirer le travail des Commissions, c'est retarder l'œuvre du Congrès. Tous les Congrès qui ont existé, l'ont démontré. Nous n'arriverons pas à l'article 2 aujourd'hui si nous voulons discuter tous ensemble. J'estime donc que le travail des Commissions nous fera arriver plus vite à de bons résultats, et nous permettra d'apporter les améliorations que nous souhaitons tous.

Le travail d'une Commission, s'il n'est pas parfait, est toujours établi d'une façon à peu près sûre. En procédant par Commissions, le travail sera donc plus facile qu'en procédant par la discussion générale.

Je crois que nous sommes tous ici avec de bons sentiments et remplis de bonne volonté pour arriver à modifier la loi du 9 avril 1898. C'est donc du travail sérieux que nous avons à faire et pour cela, il faut le préparer. J'engage les camarades du Congrès à procéder par Commissions.

Delavet (Syndicat des charretiers de Toulon). — Je demande la parole pour appuyer de toutes mes forces et demander la priorité de la proposition du camarade Codur. Je désire qu'il n'y ait pas de Commissions et voici pourquoi :

Si nous nommons des Commissions, un tiers ou un demi-tiers des membres de l'assemblée fera le travail; le reste demeurera les bras croisés et on arrivera à voter un rapport qui, au fond, n'aura été fait que par une Commission, c'est-à-dire, par quelques membres seulement.

En discutant tous ensemble, j'estime que tous, nous

serons assez instruits et assez sages pour ne pas éterniser les discussions et arriver à un bon résultat. Je demande donc la priorité pour la proposition du camarade *Codur*.

Codur (Syndicat des coiffeurs de Toulon). — Si j'ai
fait cette proposition, c'est que, grâce aux organisations
que j'ai eu l'honneur de représenter à certains Congrès
(je citerai entre autres le Congrès de Tours), j'ai fait une
remarque personnelle : J'ai toujours trouvé que quand
une Commission avait travaillé une demi-journée à élaborer un rapport, les discussions surgissaient et très
souvent ce qu'avaient fait les Commissions était détruit
par la discussion en Assemblée générale.

Voilà pourquoi, ne voulant pas que l'on fasse deux
fois le même travail, je tiens à ne pas nommer de Commissions. Nous sommes ici des citoyens libres qui voulons une discussion approfondie; nous ne devons donc
pas craindre les discussions générales. A mon avis,
avec cette manière de procéder, chaque citoyen aura la
liberté de défendre le mandat qui lui est confié et il en
ressortira une plus grande clarté.

Nous sommes tous ici au même titre et au même de-
gré. Nous sommes les représentants de diverses organisations; nous ne devons pas avoir de préférence; notre
but est de défendre le mandat que notre organisation
nous a chargé de défendre et d'arriver à une entente.

Pour le travail que nous accomplissons aujourd'hui
je demande donc que la discussion soit libre.

Marin (Fédération des mineurs de Gardanne). —
Beaucoup de nos camarades croient peut-être qu'avec
les Commissions il n'y aura que quelques-uns d'entre
nous qui s'occuperont des questions qui ont fait l'objet
de notre réunion.

Je crois personnellement que la besogne sera meilleure par discussion en Commissions parce que l'Assemblée générale n'arrivera jamais à la fin des nombreux
articles que nous avons à étudier.

Maury (Bourse du Travail de Narbonne). — Je prends
la parole pour appuyer la proposition faite par notre
camarade *Oms*, de Cette.

Nous sommes ici imbus des mêmes sentiments et
des mêmes principes; le travail sérieux que nous avons
à faire serait, à mon avis, mieux fait par des Commissions, et je crois que dans toutes les questions ouvrières on ne procède que de cette manière-là. Il me semble
donc qu'il serait plus pratique et plus profitable à la

cause que nous venons défendre aujourd'hui, de nommer des Commissions.

Oms (de Cette). — Dans tous les Congrès que nous avons eus jusqu'à aujourd'hui, quand on a voulu hâter le travail, quand on a voulu faire bien et vite, on a nommé des Commissions. Ces Commissions ne sont pas souveraines, c'est vrai; on nous a dit également que tout le monde n'y participait pas, mais j'insiste cependant pour que nous nous divisions en Commissions et qu'une répartition des articles à étudier soit faite. C'est la meilleure façon de procéder à mon avis, je le répète.

Granger (Syndicat des Employés municipaux de Toulon). — Je n'ai pas l'habitude des Congrès; cependant je me rallie à la proposition faite par notre camarade *Codur*. Le Camarade *Codur* prétend que dans les Commissions, le travail est beaucoup plus long; j'en crois sa vieille expérience. Si on a toujours fait des Commissions et des Sous-Commissions cela n'est pas une raison pour que, si l'on a mal fait, on continue à faire mal encore.

Si la proposition que j'appuie est mauvaise, nous le verrons dès l'article premier et nous reviendrons alors à celle du camarade *Oms*.

Doria (Métallurgistes de Toulon). — Ne croyez pas que les deux organisations que je représente soient des organisations réfractaires à la nommination des Commissions.

J'estime que dans les différents Congrès il est de toute nécessité de nommer des Commissions pour se partager le travail; et si dans les Congrès précédents des Bourses du Travail on a fait ainsi, c'est parce qu'il y avait lieu de le faire. Voici pourquoi :

Tout d'abord, il ne fallait pas discuter sur des lois inconnues, comme nous allons le faire aujourd'hui.

La question que nous allons étudier est une question toute nouvelle, de pure jurisprudence, puisque depuis 1898 les jurisconsultes les plus érudits, les présidents des cours de cassation, les magistrats des cours d'appel et de justice de paix ont interprété de différentes façons la loi sur les accidents.

Je crois fermement que nous, qui ne possédons pas le talent et la valeur des hommes que je viens de citer, nous ferions une mauvaise besogne en nommant des Commissions ; et j'estime que si vous divisez le travail en Commissions, vous ne posséderez pas les éléments suffisants pour discuter seulement l'article premier de la loi.

Si vous nommez des Commissions, il arrivera que vous désignerez peut-être des camarades incompétents pour traiter les questions qui leur seront soumises, et j'estime que le travail que nous avons à faire est assez sérieux pour que nous ne nous engagions à la légère.

C'est l'avis des organisations que je représente au Congrès. Je ne crois pas, je le répète, qu'il y ait lieu de désigner des Commissions. Si nous voulons diviser et partager le travail, il se produira sûrement ce fait : c'est que la discussion générale détruira ce qui aura été fait par les Commissions. Nous ferions de la mauvaise besogne, Camarades, la tâche que nous avons assumée est très ardue et je vous engage à l'accomplir tous ensemble.

ANTONELLI (Régie directe de Toulon). — Le débat sur cette question a été amplifié; les camarades sont édifiés. Mettez d'abord la proposition du camarade Codur aux voix, et ensuite celle du camarade Oms.

LINGUEGLIA (membre de la Commission d'organisation). — Permettez-moi de vous dire deux mots. A première vue, nous avions décidé de donner à des Commissions le soin d'étudier tous les articles dont nous allons nous occuper. Cependant, après avoir mûrement réfléchi, nous avons déclaré que malgré la bonne volonté de tous les camarades, il serait à désirer que chacun de nous donnât son appréciation sur tous les articles qui sont à discuter.

Ce que nous avons à discuter aujourd'hui au point de vue du Congrès, ce sont les lois sur les accidents du travail, lois à peu près inconnues; comme il peut se faire que quelques-uns de nos camarades n'en soient même pas justiciables, il est bon que tous ensemble, nous puissions prendre part aux délibérations.

Votre Commission est d'avis de ne pas nommer de Commissions, et de faire tout au grand jour.

VOIX NOMBREUSES. — La clôture ! La clôture.

LE PRÉSIDENT. — J'entends demander la clôture, je mets la proposition du citoyen Codur aux voix.

DORIA (Rapporteur de la Commission d'organisation). — Je demande que ce vote ait lieu par appel nominal. (Assentiment).

LE PRÉSIDENT. — **La proposition du camarde** *Codur* a lieu par appel nominal. Le scrutin est ouvert.

Voici le résultat du scrutin :

Pour l'adoption............ 47

Contre l'adoption 9

La proposition du camarade *Codur* **est acceptée.** (Applaudissements).

La discussion aura lieu en Assemblée générale.

DORIA (Rapporteur de la Commission d'organisation). — Je demande aux camarades ayant des rapports à déposer au nom des organisations qu'ils représentent de venir les déposer au bureau. On en donnera lecture et les rapports ayant trait à tels et tels articles viendront en discussion en même temps que les articles auxquels ils se rapportent.

REBOUL (Syndicat des confiseurs de Toulon). — A mon avis, et pour ne pas perdre du temps, il serait bon de discuter l'article premier, puis les camarades ayant des rapports s'y rapportant, n'auront qu'à les lire.

Je demande que ma proposition soit mise aux voix.

MASSA (Syndicat des maçons de Marseille). — J'appuie cette proposition. Elle me paraît logique; puisque nous venons de décider la suppression des Commissions, je ne vois pas pourquoi on lirait les rapports.

DORIA (Rapporteur de la Commission d'organisation). — Je n'insiste pas.

LE PRÉSIDENT. — Personne ne demande plus la parole ? Je mets la proposition du camarade Reboul aux voix. Ceux qui sont partisans de l'adopter, veuillez le manifester par un lever de mains.

(Adopté).

Nous allons commencer la discussion des articles. Le Secrétaire va vous donner lecture de l'article 1er de la loi du 9 avril 1898 et celui proposé par la Commission qui a élaboré le rapport primitif.

LOI DU 9 AVRIL 1898

ARTICLE PREMIER. — *Paragraphe Ier.* — Les accidents survenus par le fait du travail, ou à l'occasion du travail, aux ouvriers et employés occupés dans l'industrie du bâtiment, les usines, manufactures, chantiers, les entreprises de transport par terre et par eau, de chargement et déchargement, les magasins publics, mines, minières, carrières et en outre dans toute exploitation ou partie d'exploitation dans laquelle sont fabriquées, ou mises en œuvre des matières explosives, ou dans laquelle il est fait usage d'une machine mue par une force autre que celle de l'homme ou des animaux, donnent droit, au profit de la victime ou de ses représentants, à une indemnité à la charge du chef d'entreprise, à la condition que l'interruption de travail ait duré plus de quatre jours.

ARTICLE PREMIER DE LA COMMISSION. — Paragraphe Ier. — *Le modifier de façon à faire rentrer sans restriction tous les travailleurs des 2 sexes sous le bénéfice de la loi du 9 avril 1898. Les 4 premiers jours de l'accident doivent être payés.*

LE PRÉSIDENT. — J'ouvre la discussion sur cet article. La parole est au camarade *Delavet*.

DELAVET (Syndicat des charretiers de Toulon). — J'ai un peu l'habitude des Congrès; quand une proposition est juste comme celle qui est en discussion, ce qu'il y a de mieux à faire, c'est de ne pas s'y éterniser dessus. Je demande donc la mise aux voix immédiate de cet article avec les améliorations proposées par la Commission.

ANTONELLI (Régie directe de Toulon). — Je demande qu'on ajoute à cet article les mots : Travailleurs de l'État.

CODUR (Syndicat des coiffeurs à Toulon). — L'observation qui est faite tendant à ajouter le mot *État* me paraît juste. Il arrive souvent que l'État oublie ses devoirs vis-à-vis de l'ouvrier. Je suis donc de l'avis de notre camarade *Antonelli;* les ouvriers de l'État, pas plus que les autres, ne doivent être lésés.

BOURGET (Syndicat des maçons de Toulon). — J'approuve la proposition de mettre aux voix immédiatement l'article proposé par la Commission; sans quoi la discussion va trop durer.

GRANGER (Syndicat des Employés municipaux de Toulon). — Je demande la parole.

LE PRÉSIDENT. — La parole est au camarade Granger.

GRANGER (Syndicat des Employés municipaux de Toulon).— Si j'avais cru que la loi ne fut applicable qu'à une certaine catégorie de travailleurs, je reconnaîtrais la justesse de l'addition proposée par notre camarade *Antonelli*, mais je trouve que personne n'est exclu de cet article du moment qu'il y a : *La (la loi) modifier de façon à faire rentrer sans restriction tous les travailleurs des deux sexes.*

Sans restriction, j'insiste sur ce mot, à mon avis signifie que tous les travailleurs y seront compris.

LINGUEGLIA (Membre de la Commission d'organisation). — Je demande la parole.

LE PRÉSIDENT. — La parole est au camarade Lingueglia.

LINGUEGLIA (Membre de la Commission d'organisation). — Voici l'avis de la Commission qui a élaboré le travail dont nous sommes appelés aujourd'hui à vérifier les conclusions :

Nous nous sommes contentés dans notre article Ier de le modifier de la façon la plus générale. Pour qu'il n'y ait aucune fausse interprétation on a ajouté *sans restriction*, pensant que ces mots englobaient tout le monde du travail.

BLANC (Syndicat des bouchers et charcutiers de Marseille). — Je demande la parole.

LE PRÉSIDENT. — La parole est au camarade Blanc.

BLANC (Syndicat des bouchers et charcutiers de Marseille). — Au nom de la Bourse du Travail de Marseille et d'Arles, je dépose le vœu suivant : .

Les Bourses du Travail de Marseille, Arles, émettent le vœu de modifier dans le sens indiqué par l'ordre du jour du Congrès substituant les mots ouvriers et employés salariés des deux sexes au mot travailleurs.

Signé : BLANC (Marseille); PAUL (Arles); HEBRÉARD, AUBERT, MARROU, REYNIER, JAUBERT, THENIER.

MAURY (Bourse du Travail de Narbonne). — Je me rallie à l'ordre du jour qui vient d'être lu.

ALLIER (Ouvriers de débarquement de Marseille). — Je demande la parole.

LE PRÉSIDENT. — La parole est au camarade Allier.

ALLIER (Ouvriers de débarquement de Marseille). — Je suis très heureux de l'initiative prise par la Bourse du Travail de Toulon. J'ai déjà assisté à deux Congrès, celui de Béziers et celui de Marseille en 1902.

Je prie le Congrès d'émettre le vœu que le Gouvernement mette cette loi en vigueur le plus tôt possible.

MARROU (Syndicat des typographes de Marseille).— Je

demande que l'ordre du jour présenté par les Bourses du Travail *Marseille-Aix* soit mis aux voix immédiatement.

DORIA (Rapporteur de la Commission d'organisation. — Je demande la parole avant le vote de l'art 1er.

LE PRÉSIDENT. — La parole est au camarade Doria.

DORIA (Rapporteur de la Commission d'organisation). — J'avais dit qu'il y avait urgence à lire les rapports. J'y reviens. Si nous votons immédiatement l'article 1er comme quelques-uns de nos camarades viennent de le demander, nous allons faire fausse route. Le camarade *Greuillet* a ici un pouvoir : celui des ouvriers peintres de Toulon. Cette corporation a élaboré un rapport qui est entre ses mains. Je prie le camarade de vouloir bien le déposer au bureau pour qu'il en soit donné lecture.

Il arrive, en effet, que certains camarades de l'Arsenal maritime prennent des congés, des permissions plus ou moins longues pour aller travailler en ville.

Les peintres de Toulon voudraient que ces camarades ne soient pas compris dans la loi. A mon avis, l'idée des peintres est bonne. Si vous décidez que tout ouvrier, quel qu'il soit, à quelque corporation qu'il appartienne puisse bénéficier des petits avantages que nous cherchons à faire obtenir, je vous ferais remarquer que ces derniers font des concurrences déloyales. Nous pourrions voter la loi comme l'a demandé la Bourse du Travail *Marseille-Arles*, sauf pour les travailleurs de l'Etat.

CUNAT (Abattoir de Toulon). — Un ouvrier du port travaillant en ville vient à se blesser. Il ne jouit d'aucun avantage. Si l'accident est reconnu sur les travaux, il ne jouira d'aucune rémunération. Je demande que la lettre des peintres soit exclue.

DORIA (Rapporteur de la Commission d'organisation). — Je dis que les camarades peintres ont raison.

Admettez qu'un camarade de l'Arsenal prenne une permission de longue durée pour aller travailler en ville. Cet ouvrier se blesse; a une hernie par exemple. Il aura droit à une pension et il rentrera après sa permission, à l'Arsenal sans qu'on n'en sache rien. Il continuera avec un bandage et partira après ses 25 années de services avec une pension, plus une rente viagère du patron. J'appuie la proposition des peintres parce que certains ouvriers du port font une concurrence déloyale aux ouvriers de l'industrie.

ANTONELLI (Régie directe de Toulon). — Les ouvriers

3

qui se blessent ne se blessent pas toujours d'une hernie. Il y a d'autres blessures.

GRANGER (Syndicat des Employés municipaux de Toulon). — Je ne contredis pas le camarade Doria. Il n'en est pas de même pour les employés des administrations départementales ou communales. Ceux-ci n'obtiennent pas de pension. S'ils se blessent on les paie pendant un ou deux mois et encore cela dépend du maire !

Dans les administrations municipales, le règlement prévoit un traitement de maladie de un mois seulement. Passé ce délai, l'employé n'a plus de ressources.

JOURDA (Ouvrier du port de Toulon). — Je demande la parole.

LE PRÉSIDENT. — La parole est au camarade Jourda.

JOURDA (Ouvriers du port de Toulon). — Je ferai remarquer que les ouvriers du port ne peuvent pas prendre une permission de deux ou trois mois, ni même d'un mois. Il y a des décrets établis par Monsieur de Lanessan fixant à 8 le nombre de jours de permission que nous pouvons avoir dans le courant de l'année. Il ne faut pas porter atteinte aux ouvriers du port. On a dit qu'ils levaient du travail aux ouvriers de l'industrie; la concurrence qu'ils peuvent faire est bien petite avec les décrets actuels, ne nous autorisant d'avoir que 8 jours de permission.

Je demande donc que les ouvriers du port bénéficient comme les autres de la loi.

GINAT (Abattoir de Toulon). — Je ferai remarquer qu'il ne s'agit que de la question « accidents. »

Un ouvrier de l'Arsenal qui va travailler en ville et qui se blesse, doit-il bénéficier ou non de la loi sur les accidents ? Pour moi, il doit en bénéficier.

Lorsque les ouvriers du port demandent une permission, ils sont obligés de donner le motif qui les fait sortir. Si un ouvrier va travailler en ville, s'il a un métier qui lui permette de gagner quelques sous en plus de sa journée, c'est son affaire, et s'il vient à se blesser il doit bénéficier des avantages que nous accordons aux autres.

OMS (de Cette). — Dans l'article premier, il est dit que tout ouvrier sans distinction de classe doit bénéficier de la loi. Peu nous importe l'atelier auquel il appartient; s'il travaille et qu'il se blesse, il doit bénéficier de la loi.

Doria (La question est très intéressante. Si vous votez l'article 1er tel qu'il est indiqué, vous allez léser les ouvriers des arsenaux et je ne crois pas que les représentants de ces ouvriers puissent voter la proposition.

Les ouvriers des arsenaux sont au nombre de 30.000. On nous parle de décrets. Il n'y a pas de décrets. Ce sont des arrêtés ou des circulaires pris par tel ou tel ministre et démolis par tel ou tel autre qui arrive.

En réponse au camarade *Granger* je lui dirai ceci : C'est que nous voulons que tous soient justiciables de la loi. Nous voulons des retraites pour tous ou pour personne.

D'autre part, je vous prouverai, pièces en mains, que les travailleurs des communes sont justiciables de la loi. Il n'y a qu'une seule catégorie de travailleurs qui ne le soient pas : ce sont les employés de bureaux. Nous demandons que la loi leur soit applicable.

Paul (Bourse du Travail d'Arles). — Si c'était possible, il ne faudrait pas s'éterniser sur la question.

Doria (Rapporteur de la Commission d'organisation). — La Chambre des députés peut entrer demain dans les vues du Congrès et il ne faudrait pas voter une loi où tous les ouvriers de l'industrie sans exception ne jouiraient pas des bénéfices. Réfléchissez-y.

Lachèvre (Bourse du Travail de La Seyne). — La question est délicate : elle porte sur le préjudice causé aux ouvriers de l'industrie.

Les ouvriers de l'Arsenal, dit-on, ne devraient pas profiter de la loi du 9 avril 1898. A mon avis, si l'ouvrier de l'Arsenal travaille en dehors de l'Arsenal, c'est à son préjudice lui-même. C'est au Syndicat des ouvriers de l'Arsenal à empêcher que ces ouvriers aillent travailler à l'industrie.

Jeannot (Bourse du Travail de Cette). — Je demande que le paragraphe 1er soit voté comme il est établi, c'est-à-dire intégralement.

Le Congrès devrait se résumer. Il devrait faire l'application de la loi pour tous les travailleurs en général. C'est la base fondamentale. Si nous allons nous appliquer à enlever à cette catégorie un privilège quelconque, nous allons démolir le travail que nous pouvons faire.

Nous devons absolument nous renfermer dans la légalité. Si la loi de 1898 ne nous donne pas ce qu'il faut pour abriter nos jours, nous devons la modifier, car ce n'est pas avec 180 francs qu'un homme peut vivre !

Nous ne devons pas assimiler les retraites de l'Etat avec celles qui sont faites par la loi de 1898.

Voix nombreuses. — La clôture ! la clôture !

LE PRÉSIDENT. — J'entends demander la clôture. Etes-vous d'avis de...

BLANC (Bourse du Travail de Marseille). — Je demande la parole avant la clôture.

LE PRÉSIDENT. — La parole est au camarade Blanc.

BLANC (Bourse du Travail de Marseille). — Si, toutefois l'ordre du jour que j'ai eu l'honneur de lire tout à l'heure met une entrave quelconque aux travailleurs de l'Arsenal (se tournant vers les représentants des ouvriers du port) vous n'avez qu'à ajouter un amendement.

Je ne vois aucun inconvénient à ce que les ouvriers de l'Arsenal ajoutent un amendement à l'article 1er paragraphe 2.

ANTONELLI (Régie directe de Toulon). — La proposition de Marseille englobe tous les ouvriers. Si les ouvriers de l'Arsenal travaillent en ville, ils doivent bénéficier de la loi.

LE PRÉSIDENT. — Camarades, la question est assez élucidée. Je mets aux voix la proposition de *Marseille-Arles* qui vous a été lue tout à l'heure, tendant à substituer au mot travailleurs, les mots : *ouvriers et employés salariés.*

Ceux qui sont partisans de l'adopter, veuillez le manifester par un lever de mains. (Adopté).

J'ai reçu un amendement signé des représentants des organisations des *Maçons de Toulon, Commis auxiliaires de la Marine, Savonnerie, Bâtiments (de La Garde), Charretiers de Toulon, Régie directe. Portefaix, Carrossiers,* demandant que les OUVRIERS DE L'ETAT TRAVAILLANT DANS LES ÉTABLISSEMENTS DE L'ETAT ET CONCOURRANT A UNE PENSION DE RETRAITE NE SOIENT PAS COMPRIS DANS LA LOI.

Je mets cet amendement aux voix. Ceux qui sont partisans de l'adopter veuillez le manifester par un lever de mains. (Adopté).

Voici le paragraphe 2 de l'article 1er de la loi du 9 avril 1898.

Les ouvriers qui travaillent seuls d'ordinaire ne pourront être assujettis à la présente loi par le fait de la col-

laboration accidentelle d'un ou de plusieurs de leurs camarades.

La Commission d'organisation vous propose de le supprimer.

J'ouvre la discussion sur cet article.

Personne ne demande la parole ?

Je la mets aux voix. Ceux qui sont partisans de l'adopter, veuillez le manifester par un lever de mains.

(Adopté).

LE PRÉSIDENT. — L'ordre du jour appelle discussion sur l'article suivant :

ARTICLE 2 DE LA LOI DU 9 AVRIL 98. — *Paragraphe 1.* (Modifié par la loi du 22 mars 1902. — *Les ouvriers et employés désignés à l'article précédent ne peuvent se prévaloir à raison des accidents dont ils sont victimes dans leur travail, d'aucunes dispositions autres que celles de la présente loi.*

La Commission d'organisation propose d'ajouter : SAUF LE CAS OÙ, SOIT PAR IGNORANCE, OU PAR EXCÈS DE CONFIANCE DANS LA PERSONNE CHARGÉE PAR L'OUVRIER DE SUIVRE SON AFFAIRE, LA VICTIME OU SES REPRÉSENTANTS AURA LAISSÉ PRESCRIRE SES DROITS.

J'ouvre la discussion sur cet article.

Personne ne demande la parole ?

Je mets l'article aux voix. Ceux qui sont partisans de l'adopter, veuillez le manifester par un lever de mains. (Adopté).

LE PRÉSIDENT. — Voici le paragraphe 2 de l'article 2 de la loi du 9 avril 1898.

« *Ceux dont le salaire annuel dépasse 2.400 francs ne bénéficient de ces conditions que jusqu'à concurrence de cette somme. Pour le surplus, ils n'ont droit qu'au quart des rentes stipulées à l'article 3, à moins de conventions contraires élevant le chiffre de la quotité.* »

La Commission d'organisation propose de le supprimer.

J'ouvre la discussion sur cet article. Personne ne demande la parole ?

Je mets l'article aux voix. Ceux qui sont partisans de l'adopter, veuillez le manifester par un lever de mains. (*Adopté*).

Le Président. — L'article suivant est l'article 3.

J'en donne lecture.

Article 3. — Dans les cas prévus à l'article 1er, l'ouvrier ou l'employé a droit :

Pour l'incapacité absolue permanente, à une rente égale aux deux tiers de son salaire annuel;

Pour l'incapacité partielle et permanente, à une rente égale à la moitié de la réduction que l'accident aura fait subir au salaire;

Pour l'incapacité temporaire, à une indemnité journalière égale à la moitié du salaire touché au moment de l'accident, si l'incapacité de travail a duré plus de quatre jours à partir du cinquième jour.

Lorsque l'accident est suivi de mort, une pension est servie aux personnes ci-après désignées, à partir du décès, dans les conditions suivantes :

A. Une rente viagère égale à 20 p. 100 du salaire annuel de la victime pour le conjoint survivant non divorcé ou séparé de corps, à la condition que le mariage ait été contracté antérieurement à l'accident.

En cas de nouveau mariage, le conjoint cesse d'avoir droit à la rente mentionnée ci-dessus; il lui sera alloué, dans ce cas le triple de cette rente à titre d'indemnité totale.

B. Pour les enfants légitimes ou naturels, reconnus avant l'accident, orphelins de père ou de mère, âgés de moins de 16 ans, une rente calculée sur le salaire annuel de la victime à raison de 15 p. 100 de ce salaire s'il n'y a qu'un enfant; de 20 p. 100 s'il y en a deux; de 35 p. 100 s'il y en a trois, et 40 p. 100 s'il y en a quatre ou un plus grand nombre.

Pour les enfants, orphelins de père ou de mère, la rente est portée pour chacun d'eux à 20 p. 100 du salaire.

L'ensemble de ces rentes ne peut, dans le premier cas, dépasser 40 p. 100 du salaire, ni 60 p. 100 dans le second.

C. Si la victime n'a ni conjoint ni enfant dans les termes des paragraphes A et B, chacun des ascendants et descendants qui était à sa charge recevra une rente viagère pour les ascendants et payable jusqu'à 16 ans pour les descendants. Cette rente sera égale à 10 p. 100 du salaire annuel de la victime sans que le montant total des rentes ainsi allouées puisse dépasser 30 p. 100.

Chacune des rentes prévues par le paragraphe C est, le cas échéant, réduite proportionnellement.

Les rentes constituées en vertu de la présente loi sont payables par trimestre; elles sont incessibles, insaisissables. Les ouvriers étrangers, victimes d'accidents, qui cesseront de résider sur le territoire français recevront pour toute indemnité, un capital égal à trois fois la rente qui leur avait été allouée.

Les représentants d'un ouvrier étranger ne recevront aucune indemnité si, au moment de l'accident, ils ne résidaient pas sur le territoire français.

Votre Commission vous propose de le modifier de façon que la rente soit égale à la réduction du salaire subie par la victime.

Tant que la blessure ne sera pas consolidée, la victime doit recevoir son salaire journalier complet et dans les conditions normales des habitudes des ateliers ou chantiers où la victime s'est blessée.

La parole est au camarade *Blanc.*

BLANC (Bourse du Travail de Marseille). — Je demande que l'article 3 proposé par la Bourse du Travail de Toulon garde son intégralité pour faire diversion à l'article de la loi du 9 avril 1898.

LE PRÉSIDENT. — Personne ne demande plus la parole ? Je mets aux voix l'article proposé par la Commission d'organisation. Ceux qui sont partisans de l'adopter veuillez le manifester par un lever de mains.

(*Adopté*).

LE PRÉSIDENT. — J'ai reçu du camarade *Marin* (de Gardanne) la proposition suivante :

« *Lorsque l'accident sera suivi de mort, il sera alloué,*
« *à partir du décès, pour la veuve, une rente viagère*
« *égale à 25 p. 100 s'il y a un enfant : à 30 p. 100 s'il y*
« *en a deux : 50 p. 100 s'il y en a trois et davantage. Pour*
« *les enfants orphelins de père et de mère, la rente pour-*
« *ra être élevé de 40 à 50 p. 100 et de 60 à 75 p. 100. Les*
« *patrons sont toujours responsables des accidents sur-*
« *venus dans leur établissement ou usine.* »

Personne ne demande la parole sur cette proposition ?

DORIA (Rapporteur de la Commission d'organisation). — Cela formera le deuxième paragraphe de la loi.

LE PRÉSIDENT. — Personne ne demande plus la parole ? Je mets cette proposition aux voix. Ceux qui sont partisans de l'adopter, veuillez le manifester par un lever de mains. (*Adopté*).

LE PRÉSIDENT. — J'ai reçu, des camarades *Hebreard* (de Marseille) et *Paul* (d'Arles), la proposition suivante :

« *Nous demandons que les Compagnies d'assurances* « *soient forcées d'assurer les ouvriers sans tenir comp-* « *te du nombre d'enfants qu'ils ont.* »

OMS (de Cette). — Je m'oppose à cette proposition. Je la crois inutile. (Cette proposition est retirée).

ALLIER (Ouvriers de débarquement du bois de Marseille). — Puisque nous sommes en Congrès pour supprimer les abus, ne pourrait-on pas supprimer celui des patrons qui ne veulent pas accepter des ouvriers parce que ces derniers ont des enfants ?

BLANC (Syndicat des bouchers et charcutiers de Marseille). — Il est toujours facile de supprimer les abus qui se font actuellement. On doit prendre en considération la déclaration du camarade Allier, l'étudier pour donner au Gouvernement.....

DORIA (Rapporteur de la Commission d'organisation). — Le camarade de Marseille a raison, mais ce qu'il ignore sans doute, c'est que les patrons ne sont pas tenus de s'assurer à telle ou telle Compagnie et j'ajoute même : dans leur intérêt et dans celui de l'ouvrier, ils ne devraient pas s'y assurer.

Voici à cet effet les abus de certaines compagnies d'assurance.

Pression exercée par les Compagnies sur les ouvriers. Pour ce qui concerne la *Prévoyance*, elle donne à ces ordres illégaux une forme telle qu'ils paraissent être extraits de la loi.

La Prévoyance, Service médical. — Extrait du règlement relatif aux accidents (art 6). Tout blessé en état de marcher doit se rendre à l'heure des consultations chez le médecin qui lui est indiqué autant de fois qu'il le juge utile.

Le blessé qui refuse de se rendre aux convocations du médecin ou de se conformer à ses prescriptions, ou qui refuse de se laisser visiter, par lui ou le délégué du patron, n'a droit à aucune indemnité.

La Providence imprime un bulletin d'avis à remettre au blessé pour se rendre chez le médecin. Au bas de la page, elle imprime encore : Avis au blessé. Le blessé doit se rendre chez le médecin aux jours et heures indiqués.

L'Abeille-Accident. (Avis aux blessés). — Pour avoir droit à l'indemnité, le blessé doit se rendre chez le médecin aux jours et heures indiqués par ce dernier, et à chaque visite faire viser le bulletin. Il n'a pas droit à l'indemnité, s'il ne produit un bulletin visé par le médecin.

Le Soleil-Sécurité. — Nota. — Si le blessé ne se présente pas au jour à lui désigné, la guérison est constatée d'office.

Le Patrimoine. — Pour toucher les acomptes, le blessé devra faire viser cette pièce par le médecin de la Compagnie et se présenter au siège social, de dix heures à onze heures 1/2.

Donc, dans son intérêt, et dans l'intérêt de l'ouvrier, le patron ne devrait pas s'assurer à ces Compagnies d'assurance. La loi a prévu que le patron peut s'assurer à la caisse des dépôts et consignations.

Nous n'avons pas à faire un vœu dans ce sens.

DELAVET (Syndicat des charretiers de Toulon). — J'ai une proposition à vous faire.

Le camarade *Doria*, dans les instructions qu'il vient de nous lire, m'en a donné l'idée. C'est celle d'émettre *le vœu que l'État supprime purement et simplement les Compagnies d'assurances et qu'il s'y substitue.*

De cette façon, nous arriverons à bout de cette discussion.

LE PRÉSIDENT. — Personne ne demande plus la parole contre cette proposition ?

Je la mets aux voix. Ceux qui sont partisans de l'adopter, veuillez le manifester par un lever de mains.

(Adopté).

LE PRÉSIDENT. — J'ai reçu l'ordre du jour suivant :

Les camarades délégués au Congrès régional, tenant ses assises à la Bourse du Travail de Toulon en sa première séance, profitent de l'occasion favorable pour faire parvenir à tout le prolétariat mondial organisé, leur salut fraternel.

Signé : BLANC (Marseille), AUBERT (Marseille), LANGUGLIA (Constantine), PAUL (Arles).

Personne ne demande plus la parole ?

Je mets cet ordre du jour aux voix. Ceux qui sont partisans de l'adopter veuillez le manifester par un lever de mains. (Adopté).

LE PRÉSIDENT. — Camarades, l'ordre du jour étant épuisé, il ne vous reste plus qu'à nommer le bureau pour la séance de demain matin.

DELAVET (Syndicat des charretiers de Toulon). — Je demande la parole pour proposer aux camarades du Congrès de nommer comme Président pour la séance de demain matin, le doyen du Conseil d'Administration de la Bourse du Travail de Toulon : le camarade Codur.

CODUR (Syndicat des coiffeurs de Toulon). — Je remercie le camarade qui m'a fait l'honneur de me désigner pour la présidence, mais la séance d'aujourd'hui ayant été présidée par un membre de la Bourse du Travail de Toulon, j'estime qu'il serait logique que la première séance de demain fut présidée par le représentant d'une organisation étrangère à Toulon. (Applaudissements).

Voix nombreuses : BLANC ! BLANC, de Marseille !

Le bureau pour la séance du lendemain est ainsi composé : BLANC (de Marseille), président : PAUL (d'Arles), secrétaire ; OMS (de Cette), TOURRE (Vaucluse), assesseurs.

La séance est levée à 11 h. 40.

1er CONGRÈS RÉGIONAL

—————— ➤|◄ ——————

DEUXIÈME JOURNÉE

————————

Séance du 29 Mars (matin)

————————

La séance est ouverte à 9 heures, sous la présidence du camarade Blanc (Bourse du Travail de Marseille), assisté des camarades Paul (d'Arles), comme secrétaire ; Oms (Cette) et Tourre (Avignon), comme assesseurs.

LE PRÉSIDENT. — Camarades, la séance est ouverte.

Le secrétaire Doria fait l'appel des Organisations présentes.

La parole est au secrétaire pour la lecture du procès-verbal de la précédente séance. Le procès-verbal est lu et adopté.

LE PRÉSIDENT. — Camarades, permettez-moi tout d'abord de remercier la Commission d'organisation de la Bourse du Travail de Toulon pour les cartes de faveur du spectacle d'hier soir qu'elle a bien voulu mettre à notre disposition, ainsi que du don des brochures qui nous ont été distribuées tout à l'heure.

Je vous prie, camarades, pour que les procès-verbaux soient bien établis et pour faciliter la tâche de notre sténographe de vouloir bien demander successivement la parole sans trop de bruit et de faire en sorte d'éviter les colloques parmi vous.

Nous allons donc commencer la discussion des articles portés à l'ordre du jour.

JANNOT (Bourse du Travail de Cette). — Je demande la parole.

LE PRÉSIDENT. — La parole est au camarade Jannot.

JANNOT (Bourse du Travail de Cette). — Il y a un mouvement qui se produit dans le Nord : nous avons 4.000 ouvriers en grève à Roubaix. Vous savez comment le Gouvernement se comporte à l'égard de ces grévistes : les troupes sont en grand nombre dans le Nord. Puisque nous sommes en Congrès ici, j'estime que nous ne pouvons passer sous silence les faits qui se produisent là-bas, et je propose le vœu suivant :

« *Le Congrès de Toulon réuni en séance du 29 mars*
« *envoie son salut de solidarité aux grévistes de Rou-*
« *baix et voue au mépris public le patronat organisé*
« *qui met ainsi 4.000 familles sur la paille sans moyen*
« *d'existence. Blâme énergiquement le Gouvernement*
« *d'organiser une mobilisation pratique pour faire*
« *échouer le mouvement ouvrier dans le Nord. Emet le*
« *vœu que le Gouvernemnt laisse les troupes à la caser-*
« *ne et laisse les ouvriers libres de faire la revendica-*
« *tion de leurs droits.* »

A titre de solidarité je demande aux congressistes de faire une collecte en leur faveur.

COEUR (Syndicat des Coiffeurs de Toulon). — J'appuie la proposition formulée par notre camarade *Jannot* ; mais nous avons, ici, à Toulon, la vaillante *Louise Michel* dans un état très grave. Je demande qu'une collecte soit également faite en sa faveur.

CHAMPAGNE (Syndicat des Cordonniers de Toulon). — A mon avis, il vaudrait mieux que la collecte d'aujourd'hui soit réservée pour les grévistes de Roubaix. On avisera après pour *Louise Michel*.

LE PRÉSIDENT. — Camarades, il conviendrait, je crois, de reprendre cette discussion à la fin de la séance. On mettra un plateau, à la sortie, et chacun de nous versera son obole. — Adopté.

J'ai reçu de la Chambre Syndicale des ouvriers de Cette la proposition suivante :

« *Que l'on assimile aux accidents de travail les coli-*
« *ques de plomb, cause dérivant de l'emploi du blanc*
« *de céruse et autres produits; insolations, congestions*
« *par le froid.* »

La parole est au camarade Oms.

OMS (de Cette). — L'ouvrier est exposé à des insolations pendant l'été sous le soleil ardent; aux froids rigoureux et aux courants d'air mortels pendant l'hiver.

Je demande que l'on vote ma proposition.

MARIN (Fédération des Mineurs de Gardanne). — Je demande la parole.

LE PRÉSIDENT. — La parole est au camarade Marin.

MARIN (Fédération des Mineurs de Gardanne). — Il y aurait lieu d'ajouter à l'article 3 que nous avons voté hier, un article additionnel. La loi du 9 avril 1898 n'a pas prévu le cas d'un adulte ou d'un célibataire, victime d'un accident du travail.

Chez moi, il est arrivé ceci : Un jeune garçon de 13 ans a été tué, tamponné par un wagen. Nous avons intenté un procès à la Compagnie pour dédommager la famille, mais nous avons été déboutés devant le tribunal d'Aix.

Je propose donc le vœu suivant :

« *Considérant que la loi du 9 avril 1898 sur les acci-*
« *dents de travail n'a pas prévu, dans son article 3, le*
« *cas des adultes et des célibataires victimes d'accidents*
« *mortels qui n'ont ni ascendants ni descendants à*
« *leur charge;*

« *Le Congrès régional de Toulon émet le vœu que*
« *par un remaniement de la loi le législateur introduise*
« *un paragraphe additionnel à l'article 3 assurant à la*
« *famille de la victime une rente ou un capital réparant*
« *le dommage causé par l'accident* ».

DORIA (Rapporteur de la Commission d'organisation). — Depuis l'époque que vous venez de citer, il y a eu des arrêts qui ont été rendus par les Chambres civiles. Le Congrès ne peut pas accepter, dans le sens indiqué par notre camarade, le vœu qu'il vient de nous lire.

Les articles 1382-1383-1384 du Code civil prévoient ce cas.

MARIN (Fédération des Mineurs de Gardanne). — Je ne vois pas pourquoi le Congrès n'accepterait pas le vœu que je lui ai soumis. Il est très important à mon avis et la loi serait plus claire si on l'adoptait.

DORIA (Rapporteur de la Commission d'organisation). — Nous avons dit que toutes les corporations quelles qu'elles soient sont justiciables de la loi : il serait plus convenable alors de demander la modification de l'article 1382 du Code civil !

Que l'on corrige la rédaction de cet article !

MARIN (Fédération des mineurs de Gardanne). — Je maintiens ma proposition.

LE PRÉSIDENT. — Personne ne demande plus la parole sur la proposition du camarade *Marin* ?

Je la mets aux voix. Ceux qui sont partisans de l'adopter veuillez le manifester par un lever de mains.

(Adopté).

DUPUY (Syndicat des commis auxiliaires de Toulon). — Je demande la parole.

LE PRÉSIDENT. — La parole est au camarade Dupuy.

DUPUY (Syndicat des commis auxiliaires de Toulon). — Est-ce qu'il n'y aurait pas lieu de continuer les modifications à apporter à la loi, avant d'entamer les « abus à supprimer » : d'étudier par exemple la proposition faite par le camarade de Cette demandant que les maladies soient considérées comme des accidens du travail ?

MARROU (Syndicat des typographes de Marseille). — Cela se rattache justement à la proposition que je voulais soumettre au Congrès. Il y a dans certaines professions des maladies que l'on doit considérer comme des accidents du travail. Par exemple les peintres, qui sont susceptibles des coliques de plomb; les typographes, par l'usage du cuivre, du zinc, de l'antimoine, du plomb, sont également sujets à ces coliques; les maçons qui emploient le ciment et la chaux. Je crois que nous sommes tous d'accord sur cette question; ma proposition tend à ajouter à l'article premier : que les maladies professionnelles soient assimilées aux accidents du travail. Elle est ainsi conçue : Ajouter à l'article premier : « *Le Congrès demande que les maladies professionnelles soient assimilées aux accidents du travail* ».

BOURGET (Syndicat des Maçons de Toulon). — Il y a également dans notre corporation, des ouvriers exposés aux insolations.

NOURÈS (Syndicat des peintres de Marseille). — Il faudrait ajouter que toutes les corporations bénéficiassent de cet amendement.

GREUILLET (Syndicat des peintres de Toulon). — Il y a quelques années on avait supprimé l'emploi du blanc de céruse, mais les coliques de plomb se déclarent aussi chez les ouvriers qui emploient certain vernis. Il peut arriver enfin que les ouvriers perdent la vue en faisant ce travail.

DORIA (Rapporteur de la Commission d'organisation). — Je tiens à répondre au camarade Greuillet à ce sujet. Cela ressort de l'inspection du travail. Il y a même une loi qui dit que les peintres sont tenus, lorsqu'on leur fait faire du ponçage d'avoir des masques. Si les ouvriers ne les ont pas, ils n'ont qu'à adresser un rapport à l'inspection du travail et procès-verbal sera dressé au patron. Les Syndicats et Bourses du Travail devraient y tenir la main. Il est du devoir des organisations intéressées d'y veiller et d'obliger les patrons à munir les ouvriers de masques, lorsqu'ils leur font faire ce travail.

DELAVET (charretier de Toulon). — Eh bien ! camarades, je vais mettre tout le monde d'accord. Je demande qu'on vote immédiatement la proposition présentée par notre camarade de Cette et qu'on y ajoute ces mots : « *Sans distinction de professions et pour les deux sexes.* »

GINAT (Abattoir de Toulon). — Du moment que dans la séance d'hier nous avons voté que la loi sur les accidents était applicable à tout le monde, je ne vois pas pourquoi on va s'éterniser sur une pareille question. Tout le monde est justiciable de la loi, c'est entendu.

MAURY (Bourse du Travail d'Avignon). — Il y a cependant une différence entre les accidents de travail et les maladies par suite du travail : Par exemple les travaux de cirage de parquets qui sont faits par les femmes. Ces femmes tombent malades ; on ne peut pas savoir d'où cela provient.

Nous demandons que l'on supprime ces travaux pour les femmes ou bien que l'on spécifie si les maladies tombent sous le coup de la loi sur les accidents.

MARROU (Syndicat des Typographes de Marseille).— J'estime que les maladies doivent être assimilées aux accidents de travail.

Nous n'avons pas besoin de demander la suppression de tel ou tel travail pour les femmes. Cependant si ces femmes viennent à être malades, il est nécessaire qu'on prévoit le cas.

LE PRÉSIDENT. — Il est certain que nous ne pouvons pas répéter toujours la même chose.

Camarade Delavet, maintenez vous votre amendement ?

Antonelli (Régie directe de Toulon). — Dans la proposition formulée par notre camarade de Cette, il est dit que les maladies sont assimilées aux accidents de travail. L'amendement de Delavet me paraît inutile.

Delavet (Charretiers de Toulon). — Je retire mon amendement.

Jannot (Bourse du Travail de Cette). — Je ne vois pas pourquoi on ferait une distinction entre la femme et l'homme. La femme tombe sous la loi de 1898 comme l'homme, pourquoi vouloir établir une législation spéciale.

Doria (Rapporteur de la Commission d'organisation. — Il est inutile de revenir sur une question traitée ; d'autant plus qu'en ce qui concerne les maladies professionnelles, les médecins experts que l'on nommera seront là, pour dire si la maladie provient du fait du travail ou non. La modification introduite à l'article premier est assez explicite ; il est inutile d'y revenir.

Voix nombreuses. — La clôture ! La clôture !

Le Président. — Camarades, je mets la clôture aux voix.

La clôture, mise aux voix, est prononcée.

L'ordre du jour appelle la discussion sur l'article suivant :

ABUS A SUPPRIMER

Différence de procéder dans les justices de paix. Il arrive très souvent que dans un canton, toutes les pièces sont transcrites à l'enquête, tandis que dans l'autre canton on ne trouve que la déclaration de l'ouvrier et celle de la victime.

Les greffiers devraient, à l'avenir, transcrire sur l'enquête tous les certificats, pièces, mémoires, expertises médicales et autres, etc.

La parole est au camarade Massa.

Massa (Syndicat des Maçons de Marseille). — L'article en discussion est de la plus haute importance ; le Syndicat des Maçons de Marseille que je représente m'a chargé d'émettre le vœu suivant :

« *Considérant que dans les grands centres ouvriers, les questions d'accidents étant jugées par les juges de paix ; le nombre considérable des affaires étant appelé à y être liquidé, apportant une lenteur néfaste à l'intérêt de l'ouvrier le Syndicat des Maçons de Marseille engage les congressistes à demander au pouvoir législatif la création dans les grands centres ouvriers des tribunaux spéciaux qui auront seuls la charge des procès intentés par les victimes d'accidents. »*

Signé : MASSA (Maçon de Marseille).

Signé : BOURGET (Maçon de Toulon).

À l'heure actuelle les tribunaux étant obligés de juger toutes les affaires qui leur sont soumises ajournent à des époques indéterminées les affaires d'accidents.

Cet état de choses ne peut plus durer et c'est pourquoi je prie les camarades du Congrès d'accepter le vœu que j'ai l'honneur de leur soumettre.

Nous osons espérer que de cette façon les tribunaux mettront moins de lenteur dans leurs jugements.

DENIS (Rapporteur de la Commission d'organisation). — Il est bon de dire que les juges de paix ne sont appelés à juger que lorsqu'il s'agit du demi-salaire, des frais médicaux et pharmaceutiques : il s'agit à ce moment-là d'une incapacité temporaire. Mais lorsqu'il y a une incapacité permanente partielle ou permanente absolue l'affaire est du ressort du tribunal civil, des cours d'appel et des cours de cassation.

Il faut, dans les villes, où il n'y a qu'un juge de paix, demander une augmentation de personnel judiciaire.

En ce qui concerne les tribunaux de première instance, par exemple, nous avons compris, à Toulon, que le tribunal ne pouvait pas suffire à lui seul et la Bourse du Travail de Toulon a écrit la lettre-circulaire suivante :

Bourse du Travail de Toulon
PLACE LOUIS-BLANC

Toulon, le 24 février 1904.

Messieurs,

La Commission administrative de la Bourse du Travail de Toulon réunie le mardi 22 février a décidé, dans l'intérêt des justiciables de continuer ses démarches en vue de la création d'une 2e Chambre à Toulon.

Elle a décidé, à cet effet, de soumettre un rapport aux élus du Var. La Commission administrative a décidé de consulter M. le Sous-Préfet de l'arrondissement de Toulon, Conseil municipal, Conseil général, Conseil d'arrondissement, Procureur de la République, Substitut du Procureur, Président du Tribunal civil, Greffier chef du Tribunal civil, Tribunal de Commerce, Chambre de Commerce, Avoués, Avocats, Huissiers, Syndicat des Médecins, Syndicat des Commerçants.

Messieurs,

Nous engageons tous ceux qui connaissent ou approchent un député ou un sénateur de l'intéresser à la question. Il faut que les hommes politiques qui n'ont pas de parti-pris et qui sont partisans de la véritable justice nous donnent cette deuxième Chambre que nous réclamons depuis quelques mois au bénéfice des humbles.

Messieurs, nous ne laisserons la paix aux pouvoirs publics que lorsque nous aurons, dans l'intérêt de tous, obtenu satisfaction.

Il nous semble donc que toutes les personnalités ci-dessus désignées ne peuvent se désintéresser de cette question qui est d'essence absolument urgente et doivent se joindre à nous pour une démarche qui portera sûrement ses fruits, si elle est faite avec ensemble et ténacité. Elle le sera, et le mouvement sera général.

Dans l'attente d'une réponse favorable, veuillez agréer, Messieurs, avec nos salutations, l'assurance de nos sentiments les meilleurs.

Pour la Commission administrative et par ordre :

Le Secrétaire général,

M. DORIA.

Cette lettre a été expédiée aux personnes mentionnées dans la lettre. Toutes ont répondu. Nous avons centralisé ces réponses et nous avons établi un rapport qui a été déposé le 23 mars dernier au Ministère de la Justice et au Président de la Commission du budget.

De ce fait, nous pensons qu'à Toulon nous aurons, au prochain budget, une deuxième chambre. Il serait nécessaire que les Bourses du Travail des villes assez importantes en fissent de même.

C'est le même cas pour les justices de paix. Si vous trouvez que, dans votre ville un ou deux juges de paix ne sont pas suffisants, il faut en demander un autre.

LE PRÉSIDENT. — La parole est au camarade Jannot.

JANNOT (Bourse du Travail de Cette). — Au nom de la Bourse du Travail de Cette, je dépose le vœu suivant :

Considérant que l'article 16 de la loi du 9 avril 1838 est incomplet, que des déplacements onéreux et souvent impossibles sont imposés aux ouvriers pour se rendre devant le tribunal pour la conciliation.

Considérant que l'article 12 de cette loi a chargé les juges de paix de faire les enquêtes dans les cas d'incapacité permanente, que dès lors, il serait tout naturel que l'essai de conciliation ait lieu devant ces magistrats, que cette manière de procéder aurait pour conséquence de hâter la solution de toutes les affaires sans imposer aux intéressés le moindre déplacement.

Émet le vœu :

Que l'article 16 soit modifié dans ce sens et que les juges de paix soient chargés de la conciliation.. »

Ceci arrive très souvent :

Un ouvrier est privé de son demi-salaire. Le juge de paix l'envoie au président du tribunal. Celui-ci laisse dormir dans ses cartons le dossier. Le sinistré reste donc plusieurs mois sans argent. Le patron se refuse à donner à l'ouvrier des subsides et quand l'ouvrier va trouver le juge de paix, celui-ci lui dit :

« Je n'ai pas de pièces pour vous fournir de l'argent. »

Dans ces conditions, le sinistré est obligé d'attendre que le jugement ait été prononcé pour toucher de quoi manger.

J'ai vu un sinistré à Cette être obligé de se rendre à Montpellier à pied, n'ayant pas d'argent pour le chemin de fer, et partir à 5 heures du matin.

J'estime que le Congrès apportera les modifications que j'ai l'honneur de lui demander.

NOARÈS (Syndicat des peintres de Marseille). — J'appuie la proposition du camarade Massa, de Marseille. Les cas d'accidents étant obligés de passer par les justices de paix, j'ai constaté dans certains cantons de Marseille, que les affaires sont toujours traînées au dommage des camarades qui en sont les victimes.

Nous devons appuyer la proposition du Syndicat des Maçons de Marseille parce que, je l'ai vu par expérience, les affaires durent jusqu'à 6 mois, jusqu'à un an même.

Qu'arrive-t-il ?

Que le camarade à bout de ressources, n'ayant pas des fonds nécessaires, est obligé de succomber.

Nous devons appuyer la proposition du camarade Massa, à un double point de vue.

Au point de vue de la défense de l'humanité et au point de vue des accidents de travail.

Les Congressistes doivent demander aux législateurs de faire une loi qui accorde des séances spéciales pour les affaires d'accidents du travail. Le camarade Doria nous disait tout à l'heure qu'il faut augmenter les justices de paix; mais de partout l'on ne réussit pas comme vous avez réussi ici à Toulon.

Lors du dédoublement à Marseille, on nous a fait remarquer qu'il n'y aurait pas augmentation de justice de paix. Nous pouvons demander au moins qu'il y ait des tribunaux spéciaux pour les accidents du travail.

Le camarade atteint se voit toujours dans l'obligation d'accepter l'offre qui lui est faite par la Compagnie d'assurances.

Je déclare adhérer au vœu présenté par le Syndicat des Maçons de Marseille de façon que la victime puisse toucher immédiatement ce qui lui revient.

Doria (Rapporteur de la Commission d'organisation). — Nous sommes complètement d'accord quand il s'agit de demander l'application de l'article de la loi. Nous sommes d'ailleurs ici pour cela. Mais il est une chose à considérer : avant que le législateur ait voté cette loi, je crois qu'il faut que les syndicats, Bourses du Travail, fassent quelque chose.

La Bourse du Travail de Toulon a créé un service de contentieux pour les accidents de travail : tous les camarades qui sont ici victimes du travail, touchent intégralement le demi-salaire à partir du cinquième jour, jusqu'à décison définitive. Il nous en a beaucoup coûté pour en arriver là, mais nous y sommes arrivés.

En ce qui concerne les affaires qui doivent être jugées par la justice de paix, c'est moi-même qui plaide pour les camarades, je donne tous les conseils que l'avocat, bien souvent, ne peut pas donner. Voulez-vous me permettre de vous citer un fait ? Un jeune homme était atteint d'une incapacité permanente partielle. Eh bien !

nous avons fait allouer à ce jeune homme le salaire intégral, et cela à partir du cinquième jour, jusqu'à décision définitive à intervenir.

Le jugement rendu par la justice de paix a été confirmé ensuite par le tribunal civil de Toulon et actuellement le précédent étant créé, il n'y a plus à y revenir.

Voici les conclusions que j'ai déposées tout dernièrement à la barre de la justice de paix des 3° et 4° cantons.

Loi du 9 avril 1898

Affaire Malandrone contre Gosset

CONCLUSIONS

Attendu que la loi du 9 avril 1898, par son article 15, conserve aux juges de paix la connaissance exclusive des actions relatives à l'indemnité temporaire que cette indemnité soit demandée à raison d'une incapacité temporaire jusqu'à la cessation de cette incapacité ou à raison d'une incapacité permanente jusqu'au jour où la rente viagère sera définitivement allouée.

Attendu que dans le cas du jeune Malandrone la solution semble imposée par les intentions du législateur qui a pour but essentiel de ne pas priver le blessé du bénéfice de l'indemnité temporaire pendant la durée de l'instance, dès lors, pour répondre à ce vœu de la loi, il est essentiel que le juge de paix saisi d'une demande d'indemnité temporaire doit la régler quelle que soit la nature temporaire ou permanente de l'incapacité.

Attendu que la jurisprudence en matière d'accident admet que les juges de paix sont compétents non seulement pour l'indemnité due au moment où l'instance est introduite, mais aussi qu'elles peuvent sans commettre un excès de pouvoir statuer d'allouer conformément au paragraphe 4 de l'article 16 allouer le demi-salaire jusqu'à la décision définitive (Cour de Cassation, Chambre des requêtes, 24 février 1902), (Cour de Cassation, Chambre civile du 17 février 1903).

Attendu qu'il a été jugé dans ce sens par le juge de paix des 3° et 4° cantons de Toulon en octobre dernier. (Affaire Angelino contre Croce.)

Attendu que le jugement ci-dessus a été confirmé par le tribunal civil de Toulon à la date du 9 février dernier.

Attendu qu'il résulte du rapport d'experts en date

*du 4 janvier, que Malandrone a bien été victime d'un
accident survenu pendant et à l'occasion du travail et
qu'actuellement il n'est pas guéri.*

*Attendu que les juges de paix sont compétents en
matière d'accidents pour juger en dernier ressort, il y
a lieu d'appuyer la demande de Malandrone, c'est-à-dire
de condamner M. Gosset, son patron, à payer à partir
du............ et régulièrement par semaine l'indemnité temporaire jusqu'à la décision définitive, de le condamner, en outre, aux frais et dépens de justice.*

Le Secrétaire général de la Bourse du Travail,

Signé : M. DORIA.

Nous vous engageons à nous imiter.

ALLIER (Ouvrier de débarquement des bois à Marseille). — Je désirerais poser une question au camarade
Doria.

Un Syndicat ou un membre du Syndicat a-t-il le droit
de représenter quelqu'un devant le juge de paix ?

DORIA (Rapporteur de la Commission d'organisation).
— Parfaitement, c'est votre droit. Ici, à Toulon, lorsqu'un sinistré, (il suffit qu'il soit syndiqué), arrive à la
Bourse du Travail, j'établis un dossier spécial que je
remets ensuite au service intéressé. J'assiste moi-même
le sinistré. Je répète que c'est votre droit absolu. On
avait essayé ici, à Toulon, de nous enlever ce droit,
mais nous nous sommes plaints au Ministre du Commerce et au Ministre de la Justice qui nous ont donné
raison. Vous avez donc le droit de défendre votre camarade même à la barre de la justice de paix.

ALLIER (Ouvrier de débarquement des bois, de Marseille). — Je vous ai posé cette question, mon cher
camarade, parce qu'il m'est arrivé ceci à Marseille :

J'étais appelé en conciliation pour un camarade devant le juge de paix. Une citation est lancée. Nous nous
présentons devant le juge de paix avec le patron. Le
patron demande le renvoi de l'affaire. C'est entendu,
l'affaire est renvoyée. Et pendant cet intervalle, le patron prend un avocat. Ce dernier se présente devant le
juge de paix, plaide mon incompétence, lui dit que je
n'ai pas le droit de défendre les intérêts d'un membre
du Syndicat.

J'écris au Ministre du Commerce qui me répond que

nul n'a le droit de plaider les intérêts des syndicats si toutefois les intérêts ne s'appliquent pas à la corporation tout entière. Donc, M. le Ministre du Commerce m'a débouté et nous sommes en contradiction tous les deux.

DORIA (Rapporteur de la Commission d'organisation). — Je demande si, lorsque cette affaire s'est produite, le camarade sinistré était présent. S'il était présent, le juge de paix a outrepassé ses droits et vous êtes en droit de déposer un rapport très documenté contre ce magistrat. Cela est prévu par loi de 1898.

Je répète donc que vous pouvez assister un de vos camarades devant le juge de paix.

Au début, les interprétations de cette loi étaient tout à fait différentes. Tout le monde les ignorait, mais nous sommes parvenus à même de définir la situation.

Faites ceci : Avant de vous adresser au Ministre de la Justice, voyez le Procureur de la République et ce dernier donnera des ordres en conséquence pour que le juge de paix vous reçoive et vous permette d'assister la victime. C'est un droit absolu, je le répète.

ALLIER (Ouvrier de débarquement des bois, de Marseille). — J'ai été obligé de me retirer après la réponse du Ministre, mais je suis étonné qu'il y ait deux poids et deux mesures, qu'à Toulon vous ayez le droit d'assister les ouvriers, tandis qu'à Marseille...

OMS (de Cette). — Le camarade Jannot a proposé un amendement sur les articles 15 et 16. Je vois que nous continuons à nous éloigner de cette question, il serait bon, citoyen président, de le mettre aux voix immédiatement.

Nous n'en finirons jamais si nous continuons de cette façon.

MASSA (Syndicat des Maçons de Marseille). — Je suis entièrement de l'avis du camarade Oms. Le camarade *Jannot* et moi avons fait une proposition. Cette proposition n'a pas été votée; nous nous en éloignons toujours.

Mon vœu est formel. Profitons de ce que nous sommes en Congrès pour l'adopter et c'est à nous à agir ensuite

NOGUÈS (Syndicat des Peintres de Marseille). — Au point de vue de la défense des camarades il se peut qu'on arrive à pouvoir défendre ses camarades. Mais ce n'est pas une loi, c'est une tolérance du juge de paix qui vous laisse prendre la place de votre camarade.

Or, ce que le Congrès demande c'est une loi. Il faut que ce soit une loi qui autorise à représenter un camarade victime d'un accident de travail et non une tolérance. Le citoyen *Doria* nous dit que c'est une loi. La loi, mon cher camarade, les magistrats la tournent comme ils veulent.

Il faut donc avoir des lois explicites à ce sujet. Nous devons demander aux législateurs de bien développer la loi de façon que les magistrats puissent l'observer rigoureusement.

Quoi qu'en dise le camarade *Doria*, nous n'avons pas à Marseille ce que vous avez à Toulon, et Toulon n'est pas toute la France, il faut donc une loi générale.

LE PRÉSIDENT. — Il me semble que nous allons nous éterniser sur la question. Je donne la parole au camarade Doria pour lire une partie de la circulaire du Ministre du Commerce.

DORIA (Rapporteur de la Commission d'organisation). — Je réponds d'abord au camarade Allier pour la question qu'il m'a posée : celle de savoir si un camarade a le droit de représenter un autre camarade devant le juge de paix. Voici une circulaire du Garde des Sceaux qui corrobore ce que j'ai dit tout à l'heure :

« En matière ordinaire, une décision de ma chancellerie, en date du 15 mars 1822 (Recueil de Gillet, n° 1587) autorise le juge de paix à interdire à la partie comparaissant en personne de se faire assister par un homme de loi, s'il estime que la présence de celui-ci peut nuire aux efforts qu'il tente pour la conciliation.

« Cette décision conserve sa raison d'être dans la matière des accidents du travail ; mais, tout en croyant utile de continuer à écarter de la tentative de conciliation les personnes qui, comme les agents d'affaires, peuvent avoir intérêt à mettre obstacle à tout arrangement, j'estime que toutes les fois que le patron sera assisté ou représenté par un conseil, tel, par exemple, que l'agent de son assureur ou le chef de son contentieux, il y aura lieu, pour garantir aux deux parties une protection égale, d'autoriser l'ouvrier à se présenter en compagnie d'un conseil autorisé, qui pourrait être un ouvrier exerçant ou ayant exercé d'une manière effective et sérieuse la même profession que lui. »

Vous voyez donc, du moment que la circulaire dit :

« Il y a lieu d'autoriser l'ouvrier à se présenter en compagnie d'un conseil autorisé qui pourrait être un ouvrier exerçant ou ayant exercé d'une manière effective et sérieuse la même profession que lui ». Vous voyez donc que vous avez le droit de représenter votre camarade devant le juge de paix.

Noguès (Syndicat des Peintres de Marseille). — Certains juges de paix disent : Pour être autorisé, il vous faut une procuration. Si je proteste, c'est parce que cela m'est arrivé. On m'a demandé si je n'avais pas une procuration de l'ouvrier, c'est-à-dire qu'il me fallait payer 3 fr. 75.

Or donc, cela dépend entièrement du juge de paix.

Ce que nous voulons, je le répète, c'est une loi et non pas une tolérance de la part de certains juges.

Jannot (Bourse du Travail de Cette). — Nous sommes tous unanimes à modifier la loi sur les accidents. Nous trouvons tous que les moyens de procédure sont trop lents ; c'est pour cela que tout à l'heure j'ai déposé une proposition.

Le juge de paix, lorsqu'il a prononcé, est obligé de vous dire : Ce n'est plus avec moi que vous avez à faire, maintenant c'est avec le tribunal civil. Voilà où est la lenteur. Nous devons étendre les pouvoirs qui sont conférés à la justice de paix.

Je remercie le camarade Doria des renseignements qu'il vient de nous donner. Je mettrai à profit ses conseils dès mon arrivée à Cette.

Deau (Rapporteur de la Commission d'organisation. — Le camarade Noguès faisait allusion tout à l'heure aux procurations qu'il fallait payer. Ce sont des faux de la part des greffiers ou avoués : Vous ne devez pas payer. Ici, à Toulon, lorsque nous établissons un dossier et que nous l'envoyons, de peur de perdre des pièces, soit des certificats médicaux ou autres, nous les photographions : j'ai là, sous la main, la photographie d'une lettre écrite par un greffier faisant connaître à un ouvrier qu'il devait passer dans son bureau pour toucher une somme de 2 fr. 15 qu'on lui avait fait verser par erreur.

Nous avons poursuivi des greffiers et des avoués. La justice doit être égale pour tous, nous ne l'oublions pas. Les camarades peuvent se rendre compte de la véracité du fait que j'avance. L'orateur montre la photographie de la lettre à laquelle il a fait allusion.

IMBERT (Employé de Commerce de Toulon). — Au nom de mon camarade Bourget (Syndicat des Maçons de Toulon) et au mien, je dépose le vœu suivant :

« *Nous émettons le vœu qu'il soit donné un ou plusieurs jours par semaine, suivant besoins, fixés et spéciaux pour liquider les affaires d'accidents. Ce, pour toutes les juridictions.* »

MARROU (Syndicat des Typographes de Marseille). — Le camarade Doria nous dit qu'à Toulon, on peut assister les ouvriers et le camarade Noguès nous dit qu'à Marseille on ne le peut pas.

Je constate qu'à Toulon, on a très bien organisé la défense des camarades victimes des accidents de travail.

Pourquoi la Bourse du Travail de Marseille à laquelle mon organisation est adhérente n'organiserait-elle pas aussi un service de défense, de contentieux comme l'a fait la Bourse du Travail de Toulon ? Je crois, camarades, qu'il serait bon que le Congrès émette un vœu demandant à toutes les Bourses du Travail d'étudier cette question de façon que les pauvres victimes du travail sachent à qui elles doivent s'adresser.

Ici, à Toulon, c'est le Secrétaire général, notre camarade *Doria* qui fait toutes les démarches. Nous ferons œuvre utile, si de retour chez nous, nous faisons notre possible pour arriver à un pareil résultat.

Je crois, à ce sujet, que le camarade Doria se fera un plaisir de nous donner tous les renseignements nécessaires.

J'émets donc le vœu suivant :

« *Les Congressistes émettent le vœu que les Bourses du Travail créent un service de contentieux pour assister les camarades victimes d'accidents de travail, comme il en existe déjà un à Toulon.* »

LE PRÉSIDENT. — Camarades, je mets ce vœu aux voix. Ceux qui en sont partisans, veuillez le manifester par un lever de mains. (Adopté).

CODUR (Syndicat des coiffeurs de Toulon). — La Bourse du Travail de Cette, par la voix de notre camarade Jannot nous a fait une proposition qui, à mon avis, donne une sanction complète au prolétariat.

D'après notre camarade, il faudrait que la compétence des justices de paix, en ce qui concerne les accidents de travail, soit complète. De cette façon, il y aura plus de diligence et un ouvrier blessé ne serait pas dans l'obligation d'aller dans une ville voisine pour terminer son procès, car tous les cantons n'ont pas de tribunal civil. Cela éviterait donc et les dépenses et les peines à de pauvres ouvriers qui sont déjà blessés. Il faudrait que tout se passe dans le même canton.

J'appuie donc de toutes mes forces le vœu qui a été présenté par le camarade Jannot parce que je le trouve très légitime.

Noguès (Syndicat des peintres de Marseille). — En réponse à la lecture faite par le camarade Doria, je crois que la circulaire dit que les juges de paix *peuvent admettre* qu'un camarade soit assisté, mais cela, je le répète, n'est pas une loi. Nous vous demandons une loi spéciale. J'insiste sur ce mot.

J'espère que le Congrès sera de mon avis. Il faut que les juges de paix soient *obligés* d'admettre l'assistance des camarades.

A Marseille, un camarade s'est laissé prendre par la Compagnie d'Assurances et devant cela, le juge de paix l'a condamné, son avocat a fait appel et le tribunal a donné raison à l'ouvrier. Cela est vrai, mais s'il y avait une loi, ces anomalies-là ne se présenteraient plus.

Doria (Rapporteur de la Commission d'organisation). — Je désire poser une question au camarade Noguès.

Est-ce que le Tribunal de Commerce ou le Conseil des Prud'hommes admettent les agents d'affaires ?

Noguès (Syndicat des peintres de Marseille). — Malheureusement oui, mon cher camarade.

Doria (Rapporteur de la Commission d'organisation). — Eh bien ! puisque l'on admet les agents d'affaires, on doit admettre les ouvriers.

Les ouvriers sont autant que les agents d'affaires dans cette circonstance-là. Cela est logique. Ne nous perdons pas en des conjectures interminables. (Assentiment général).

Le Président. — Camarades, j'ai reçu du camarade Allier, la proposition suivante :

« Je demande au Congrès, si toutefois cela est possible, que l'on ne prenne que deux fois la parole sur le *même article et que l'on ne revienne pas sur un vote acquis. »*

Cette proposition est, à mon avis, d'une urgence absolue. Nous discutons depuis très longtemps sur un même article, si nous continuons comme cela, nous n'en finirons plus.

Je mets cette proposition aux voix.

Les camarades qui en sont partisans, veuillez le manifester par un lever de mains. Adopté.

GRANGER (Syndicat des Employés municipaux de Toulon). — Le camarade Noguès demande une loi obligeant les juges de paix à admettre les camarades. La circulaire que vient de lire le camarade Doria dit que les juges de paix *peuvent autoriser ;* il y a une différence......

VOIX NOMBREUSES. — La clôture ! La clôture !

LE PRÉSIDENT. — La clôture est parvenue au bureau. Je la mets aux voix.

NOGUÈS (Syndicat des Peintres de Marseille). — Je demande la parole contre la clôture.

LE PRÉSIDENT. — Vous avez la parole.

NOGUÈS (Syndicat des Peintres de Marseille). — Il y des articles qui peuvent être plus ou moins longs à interpréter. J'ai deux mots à répondre sur cette question.

VOIX NOMBREUSES. — La clôture ! La clôture ! (Bruit).

LE PRÉSIDENT. — Je mets la clôture aux voix.

Je ne donne la parole à personne. Ceux qui sont partisans de l'adopter veuillez le manifester par un lever de mains. — Adopté.

REBOUL (Syndicat des Confiseurs de Toulon).— Nous sommes en face d'une proposition très ferme.

C'est une loi qu'a demandé notre camarade Massa. Dans sa proposition soutenue par le camarade Noguès...

Il conviendrait de la mettre aux voix le plus tôt possible.

MASSA (Syndicat des Maçons de Marseille). — Citoyen président, mettez ma proposition aux voix.

JANNOT (Bourse du Travail de Cette). — La camarade Massa dans sa proposition demande une jurisprudence nouvelle. Moi, je la laisse telle qu'elle est.

Si nous demandons une jurisprudence nouvelle nous risquons de ne rien avoir du tout et les revendications que nous pourrions formuler pourraient être renvoyées aux calendes grecques. Si l'on n'a pas assez d'un juge de paix, je suis d'avis d'en demander un autre, mais je ne me rallie pas à la proposition ayant pour but de demander une jurisprudence nouvelle.

DORIA (Rapporteur de la Commission d'organisation). — Je suis de votre avis.

LE PRÉSIDENT. — Eh bien, camarades, je vais mettre la proposition de *Jannot* aux voix. Ceux qui en sont partisans, veuillez le manifester par un lever de mains. — Adopté.

Je mets également aux voix la proposition du camarade *Massa*. Ceux qui en sont partisans, veuillez le manifester par un lever de mains. — Adopté.

Je crois maintenant que tout le monde est d'accord, et je vais mettre aux voix l'article en discussion qui a été proposé par la Commisssion de la Bourse du Travail de Toulon.

Ceux qui sont partisans de l'adopter, veuillez le manifester par un lever de mains. — Adopté.

Je mets également aux voix le vœu Imbert. — Adopté.

L'ordre du jour appelle la discussion sur l'article suivant :

TÉMOINS ET VICTIMES NON COMPARANTS

Le juge de paix devra s'enquérir de leur nouvelle adresse s'ils ont changé de domicile et les faire entendre par délégation ou ordonnance dans le lieu de leur nouvelle résidence ou à l'hôpital si la victime ne peut se transporter auprès du magistrat.

J'ouvre la discussion sur cet article. Personne ne demande la parole ? Ceux qui sont partisans de l'adopter, veuillez le manifester par un lever de mains. — Adopté.

Voici l'article suivant :

RÉDUCTION DU SALAIRE

Le juge de paix devait toujours consigner à l'enquête si l'incapacité est partielle ou permanente ; il consultera la victime à cet effet.

Personne ne demande la parole sur cet article ?

TOURRE (Union des Chambres Syndicales de Vaucluse). — Je demande la parole.

LE PRÉSIDENT. — Vous avez la parole.

TOURRE. — La Bourse du Travail d'Avignon m'a chargé de vous proposer la substitution du mot *devra* au mot *devrait*, de l'article en discussion, ce serait plus logique.

LE PRÉSIDENT. — Personne ne demande plus la parole. Je mets l'article aux voix avec l'amendement du camarade Tourre tendant à substituer le mot *devra* au mot *devrait*.

Ceux qui sont partisans de l'adopter, veuillez le manifester par un lever de mains. — Adopté.

L'article suivant est celui-ci :

DIVERGENCE ENTRE L'ENQUÊTE ET LE CERTIFICAT MÉDICAL

Pour y parer, le juge devra transcrire en entier les certificats médicaux par ordre de date.

La parole est donnée au camarade Noguès.

NOGUÈS (Syndicat des peintres de Marseille).— Il faut que la victime puisse avoir son docteur pour indiquer date par date toutes les phases de son mal.

Lorsqu'il y a procès, le docteur est désigné par le juge de paix, 3 mois ou 6 mois après. Que voulez-vous que fasse le docteur 3 mois ou 6 mois après l'accident ! Je demande au Congrès d'émettre un vœu en ce sens.

IMBERT (Membre de la Commission d'organisation). — Pour répondre au camarade *Noguès*, je lui ferai remarquer que dans la loi qui nous régit actuellement le blessé a le droit de choisir le médecin qui lui convient. Il a également le droit de mettre à la porte le médecin de la Compagnie d'assurance.

DORIA (Rapporteur de la Commission d'organisation). — Au sujet de l'article en discussion, voici ce qu'a voulu la Commission. Il arrive très souvent que dans certaines justices de paix, on ne fait figurer à l'enquête que le dernier certificat.

Nous avons voulu, au contraire, que tous les certificats y figurassent à partir de l'origine de la maladie.

LE PRÉSIDENT. — C'est logique.

Personne ne demande plus la parole ? Je mets l'article aux voix. Ceux qui sont partisans de l'adopter, veuillez le manifester par un lever de mains.— Adopté.

Voici l'article suivant :

ARGENT RÉCLAMÉ COMME HONORAIRES AUX VICTIMES PAR LES OFFICIERS MINISTÉRIELS

Introduire dans la nouvelle législation une pénalité qui permette de poursuivre les greffiers, les huissiers et avoués pour forfaiture.

J'ai reçu l'ordre du jour suivant :

BOURSE DU TRAVAIL DE TOULON

Les chirurgiens ont droit à des indemnités pour opérations faites à l'hôpital.

L'indemnité dérisoire que le chirurgien reçoit pour frais de déplacement, ne peut représenter des honoraires médicaux.

Attendu que les dispositions des lois du 7 août 1851 et 15 juillet 1893 font ressortir les hospices comme des établissements exclusivement réservés aux indigents;

Attendu qu'un camarade victime d'un accident de travail n'est pas indigent, puisque les frais médicaux, réclamés pour son état, sont mis légalement à la charge des chefs d'entreprise, gens aisés, assurés eux-mêmes à des Compagnies d'assurances très riches, auxquelles le tarif des indigents ne peut être appliqué;

Attendu que, dans le cas d'accidents du Travail, le patron se trouve obligé de payer de plein droit les frais médicaux et pharmaceutiques ; que l'on ne s'expliquerait pas pourquoi les frais seraient payés lorsque le blessé serait soigné chez lui et qu'ils ne le seraient pas lorsque le blessé serait à l'hôpital et qu'au dit cas, tous les patrons feraient transporter leurs blessés dans les hospices au détriment des indigents.

Signé : DORIA, de Toulon.
JANNOT, de Cette.
OMS, des Docks de Cette.
PAUL, d'Arles.
BLANC, de Marseille.
TOURRE, de Vaucluse.

Noguès (Syndicat des peintres de Marseille). — C'est par expérience que je parle, camarades, les huissiers et les avoués font des abus qu'il faut supprimer.

Il faut que ça finisse.

Massa (Syndicat des maçons de Marseille). — Camarades, je dépose le vœu suivant :

Vœu tendant à laisser le droit au sinistré du choix des avocats.

Signé : Massa, maçon de Marseille.

Bourget, maçon de Toulon.

Le Président. — Je mets ces deux propositions aux voix. Ceux qui sont partisans de les adopter veuillez le manifester par un lever de mains. (Adopté).

Je mets également aux voix l'article en discussion. (Adopté).

Voici, camarades, l'article suivant :

COMMUNICATION DU DOSSIER

L'enquête devra être communiquée à l'avoué dans le plus bref délai et ce dernier devra faire toute diligence pour faire enrôler l'affaire et la remettre ensuite à l'avocat de l'ouvrier.

La parole est au camarade Tourre.

Tourre (Union des Chambres syndicales de Vaucluse). — Je propose d'ajouter à l'article en discussion que le délai dont il est question ne doive pas dépasser 4 jours.

Doria (Rapporteur de la Commission d'organisation). — A mon avis, le délai demandé par mon camarade Tourre est insuffisant, puisque l'ouvrier ne peut réclamer que 5 jours après que l'enquête est établie.

Je propose de fixer un délai de 15 jours à compter du jour de l'enquête.

Le Président. — Camarade Tourre, êtes-vous d'avis de changer votre proposition en remplaçant 4 jours par 15 jours ?

Tourre (Union des Chambres syndicales de Vaucluse. — Oui.

Le Président. — Je mets donc aux voix l'article en discussion avec l'amendement.

Jannot (Bourse du Travail de Cette). — Je demande la parole.

Le Président. — Vous avez la parole.

Jannot. — Je demande qu'on ajoute à cet article les mots suivants :

En attendant que le système de jurisprudence soit changé.

Le Président. — Personne ne demande plus la parole ? Je mets aux voix les deux amendements proposés par nos camarades Jannot et Tourre.

Ceux qui sont partisans de les adopter, veuillez le manifester par un lever de mains. (Adopté).

Je mets également aux voix l'article. (Adopté).

La parole est au camarade Marrou.

Marrou (Syndicat des Typographes de Marseille). — Quoique fixé sur le sort des vœux émis par les Congrès mais certain de trouver parmi vous un accueil favorable au vœu que je vais avoir l'honneur de vous soumettre, je crois nécessaire d'ajouter au paragraphe.... le vœu suivant :

« *Le Congrès émet le vœu que les inspecteurs de travail soient choisis parmi les membres des syndicats ouvriers.* »

Signé : Marrou, typographe de Marseille.

Dépaux, commis et employés de Montpellier.

Doria, Bourse du Travail de Toulon.

Teissier, typographe de Toulon.

Le Président. — Personne ne demande la parole contre ce vœu ? Je le mets aux voix. (Adopté à l'unanimité).

Camarades, l'ordre du jour est épuisé. Nous avons décidé au commencement de la séance de discuter l'ordre du jour présenté par le camarade Jannot, de Cette. J'en donne lecture :

« *Le Congrès de Toulon, réuni en séance du 29 mars, envoie son salut de solidarité aux grévistes de Roubaix et voue au mépris public le patronat organisé qui met ainsi 4.000 familles sur la paille sans moyen d'existence.*

« *Blâme énergiquement le Gouvernement d'organiser une mobilisation pratique pour faire échouer le mouvement ouvrier dans le Nord.*

« *Emet le vœu que le Gouvernement laisse les trou-*

pes à la caserne et laisse les ouvriers libres de faire
la revendication de leurs droits. »

GRANGER (Syndicat des Employés municipaux de Toulon). — Je tiens à expliquer mon vote personnel sur cet
ordre du jour. Au nom du Syndicat des Employés municipaux de Toulon, je vote l'ordre du jour présenté par
notre camarade Jannot, mais vous me permettrez de
faire quelque réserve au sujet du mot : *blâme énergiquement le gouvernement;* je ne vote pas ce passage-là.
Je propose de changer ces mots par les mots : *invite le
Gouvernement.*

JOURDA (Ouvrier du port de Toulon). — Les ouvriers
du Port de Toulon s'associent complètement aux paroles du camarade Granger, au sujet de la proposition du
camarade Jannot, je m'abstiens de voter contre le Gouvernement.

JANNOT (Bourse du Travail de Cette). — Eh bien ! je
change les mots *blâme le Gouvernement,* par les mots :
invite le Gouvernement.

ALLIER (Ouvrier de débarquement des bois, de Marseille). — Il n'y a pas seulement que Roubaix qui soit
dans la misère. Il y a également Rouen, Toulouse. Les
ouvriers de Rouen font appel aux Syndicats pour leur
venir en aide. Ils sont au nombre de 450.

MAURY (Bourse du Travail de Narbonne). — Il y a
également les grévistes de Perpignan.

LE PRÉSIDENT. — Nous ne pouvons pas contenter tout
le monde. Nous ne sommes pas assez nombreux et nous
ne sommes surtout pas des bourgeois.

Nous ne pouvons, par conséquent, pas donner plus
que ce que nous pouvons. Une collecte sera faite à la
fin de chaque réunion. Aujourd'hui ce sera en faveur
des grévistes de Roubaix.

MAURY (Bourse du Travail de Narbonne). — Je propose d'envoyer la répartition de toutes les collectes qui
seront faites à Paris. (Mouvements divers et exclama-
tions).

LE PRÉSIDENT. — Je ne suis pas partisan de cette façon
de procéder. Si nous faisons, au Congrès, des collectes,
c'est nous qui ferons parvenir l'argent aux intéressés;
il est inutile de passer par Paris, il faut l'envoyer directement nous-mêmes (applaudissements). Je crois être
l'interprète de tout le monde ici à ce sujet. (assentiment
général).

Camarades, l'ordre du jour étant épuisé, il vous reste

à désigner pour ce soir les noms des membres du bureau.

REBOUL (Syndicat des confiseurs de Toulon).— Je propose que l'Assemblée de ce soir soit présidée par le doyen de la Bourse du Travail de Toulon : le citoyen Codur.

IMBERT (Syndicat des Employés de Commerce de Toulon). — Je proteste contre la proposition du camarade Reboul. Il faut laisser à l'Assemblée le libre choix de son président pour la séance de ce soir.

Voix nombreuses : La clôture ! la clôture !

Codur, Codur, comme président !

LE PRÉSIDENT. — Je mets aux voix le nom de Codur. (Adopté).

Le bureau est ainsi composé :

CODUR (de Toulon) président.

MAURY (de Narbonne) secrétaire.

REYNIER (Aix), AUBET (La Garde) assesseurs.

La séance est levée à 11 h. 20.

1er CONGRÈS RÉGIONAL

Séance du 29 Mars (soir)

La séance est ouverte à 2 h. 30, sous la présidence du citoyen Cedur, assisté des camarades Maury, de Narbonne, comme secrétaire ; Régnier, d'Aix, et Aubel, de La Garde, comme assesseurs.

LE PRÉSIDENT. — Camarades, la séance est ouverte.

Le camarade Doria va faire l'appel des organisations présentes.

J'espère que vous accorderez toute votre attention, comme vous l'avez fait ce matin, dans toutes les discussions de l'ordre du jour. J'ai la ferme confiance que, dans ces assises du travail, vous apporterez tous une même bonne volonté et que de cette façon vous faciliterez la tâche de votre camarade qui a l'honneur de présider votre Congrès ce soir. Je vous invite à être calmes, pas de colloques pour que l'on puisse arriver à une bonne fin.

La parole est au secrétaire pour donner lecture du procès-verbal de la dernière séance.

Personne ne demande la parole sur le procès-verbal ?

Je le mets aux voix. — Adopté.

ANTONELLI (Régie directe de Toulon). — Je demande la parole pour poser une question préjudicielle en vue d'un accident mortel sur la femme.

LE PRÉSIDENT. — Je demande au Congrès s'il désire ouvrir cette question ou s'il est d'avis de l'ajouter à la suite de l'ordre du jour.

BLANC (Bourse du Travail de Marseille). — Je demande la parole.

Le Président. — La parole est au camarade Blanc.

Blanc (Bourse du Travail de Marseille). — Le travail qui nous reste à faire est encore fort long. Je demande que la question soulevée par notre camarade Antonelli soit renvoyée à la fin de l'ordre du jour pour ne pas perdre du temps inutilement.

Antonelli (Régie directe de Toulon). — J'ai demandé la parole avant l'ordre du jour parce que ma question se rattache à l'article 3, voté dans une précédente séance. Cependant, je ne vois aucun inconvénient à ce qu'elle soit inscrite à la fin de l'ordre du jour.

Le Président. — Je crois, camarades, qu'il convient plutôt de discuter les questions à l'ordre du jour. Nous examinerons après celle soulevée par notre camarade Antonelli.

Etes-vous de mon avis ?

Voix nombreuses. — Oui ! Oui !

Le Président. — Il en est ainsi décidé.

L'ordre du jour appelle la discussion de l'article suivant :

« Les médecins de l'armée et de la marine ne pour« ront être désignés pour procéder à des expertises « médicales. »

La parole est au camarade Antonelli.

Antonelli (Régie directe de Toulon). — Il est de toute nécessité de voter l'exclusion des médecins militaires de toute expertise médicale. Il arrive fréquemment dans notre corporation que les médecins militaires ne reconnaissent pas les malades, les déclarent guéris alors qu'ils sont dans l'impossibilité absolue de fournir aucun travail.

Il existe dans ma corporation un ouvrier qu'un médecin militaire déclare guéri. Ce malheureux est à l'hôpital, et les médecins de cet établissement le déclarent atteint d'une incapacité partielle et permanente. D'où contradiction flagrante. Je dépose sur le bureau la proposition suivante :

« Ajouter à l'article en discussion les mots : *Ayant trait à des accidents de travail.* »

Signé : Antonelli, de la Régie directe de Toulon.
Dupuy, des Commis auxiliaires.

Doria (Rapporteur de la Commission d'organisation). — Je ferai remarquer au camarade Antonelli que l'article en discussion est relatif à la désignation d'un expert. Le cas que vous nous avez cité est le cas d'un camarade qui s'est fait visiter par un médecin de la marine et j'ajoute même qu'il s'est fait visiter parce qu'il l'a bien voulu. Les médecins de la marine ne sont pas des médecins experts. Nous entendons par médecins experts, des médecins qui sont nommés par la justice de paix ou par le tribunal civil.

En c. qui concerne Toulon, je reviens sur les médecins de la marine, la Bourse du Travail a fait une démarche auprès du ministre, M. Pelletan, pour empêcher ces médecins d'être nommés comme experts. Nous avons réussi.

Je profite de l'occasion qui m'est offerte de parler des médecins de la marine et de notre intervention auprès du ministre pour proposer à tous les camarades à leur rentrée dans leurs Syndicats de faire une démarche auprès du ministre de la Guerre pour l'inviter à prendre vis à vis des médecins de l'armée la décision que le ministre de la Marine a prise vis à vis des médecins de la Marine.

JANNOT (de Cette). — Je suis absolument de l'avis de la Commission au sujet de la désignation des médecins experts, et si vous voulez bien me le permettre, je vais vous citer un fait qui s'est passé à Cette, en matière de procédure.

Un pauvre ouvrier s'était blessé le 17 novembre 1901. La fin du procès a eu lieu la semaine dernière, c'est-à-dire au milieu de mars 1904. Ce procès a donc duré près de 3 ans.

Le médecin expert que j'appellerai X..., professeur à la Faculté de médecine, avait déclaré à l'expertise que l'ouvrier se trouvait dans un cas d'incapacité non permanente, qu'il pouvait guérir. Notre syndicat a fait faire une expertise par trois docteurs et cette dernière expertise fut en contradiction avec celle du docteur X... On mit l'ouvrier en observation (je ferai remarquer qu'on le garda 69 jours) et, de procédure en procédure, nous finîmes cependant par avoir raison.

Par conséquent, je suis d'avis de donner pleins pouvoirs aux médecins civils et enlever toutes les prérogatives à ceux qui sont les rétribués du Gouvernement.

Je conseillerai même aux Syndicats de prendre trois docteurs pour faire l'expertise. Avec trois docteurs une entente peut moins se faire avec les Compagnies d'assurances et leur rapport est toujours plus juste.

ALLIER (de Marseille). -- Au sujet des médecins de la marine et de l'armée, je désirerais poser une question à la Commission :

-- A-t-on prévu le cas d'un militaire qui, étant en permission, et travaillant sur les quais vient à se blesser ?

IMBERT (Employés de commerce). -- Un soldat qui, étant en permission, et travaillant, vient à se blesser, n'est plus un soldat. Il tombe sous le coup de la loi civile sur les accidents de travail et fera appel à un médecin civil.

DORIA (Rapporteur de la Commission d'organisation). -- L'article que vous propose la Commission est très explicite. D'abord, il est inadmissible que des médecins qui ont un gros traitement d'assuré puissent faire une concurrence déloyale à leurs confrères civils. D'un autre côté, je ferai connaître au Congrès qu'en matière d'accidents il y a deux avoués : l'avoué du patron, et l'avoué de l'ouvrier. Ce dernier doit prendre fait et cause pour l'ouvrier, il ne doit rien avoir de commun avec les assurances puisque cet avoué est tenu d'assister à l'expertise lorsqu'il y en a. Il plaide donc fait et cause pour l'ouvrier et rien que pour l'ouvrier, soyez-en certains, parce que si l'ouvrier venait à perdre son procès, l'avoué ne serait pas payé. Je ne voudrais pas que le Congrès supposât un instant que les avoués qui sont désignés pour les ouvriers, sont d'un commun accord avec les Compagnies d'assurances.

L'avoué du patron, lui, peut s'entendre avec la Compagnie d'assurances : cela, c'est son affaire, et nous n'y pouvons rien. Mais l'avoué de l'ouvrier, ayant ses intérêts en jeu est obligé, croyez-le bien, de ne pas faire de fraude.

Maintenant, en ce qui concerne la désignation de trois docteurs, je vous dirai ceci : Au plus vous nommerez de docteurs, au plus l'avoué de l'ouvrier sera content. J'ai jugé bon d'éclaircir ce point pour que les camarades ouvriers ne croient pas que les avoués qui leur sont désignés, sont pour eux des adversaires.

LE PRÉSIDENT. -- La parole est au camarade Lachèvre.

LACHÈVRE (Bourse du Travail de La Seyne). — Je demande qu'on intercale dans l'article en question les mots :... pourront être désignés *dans aucun cas* pour procéder, etc...

En ajoutant ces mots, cela couperait court à certaines hésitations qui pourraient se présenter.

GINAT (Abattoir de Toulon). -- Tout à l'heure, un ca-

marade a fait ressortir le cas d'un militaire se trouvant
en permission qui travaille et qui se blesse. On a fait
la comparaison à un ouvrier du port. Cette comparaison, à mon avis, n'a pas lieu d'être : pour moi, un militaire en permission est toujours un militaire. Il est
obligé de laisser son adresse au bureau de la Place. S'il
lui arrive quelque chose il doit le faire savoir au bureau
de la Place .

Jannot (de Cette). — Je ne mets pas en doute la sincérité du camarade Doria, il a pris assez de peine pour
arriver à ce résultat, mais enfin en présence des faits
que je vous ai signalés, j'estime que nous devons avoir
une médiocre confiance dans les hommes d'affaires.
Supposez un instant que la prime soit supérieure à
celle que peut lui fournir la conciliation, il n'y aura rien
d'extraordinaire que le sinistré soit supplanté. Nous devons donc nous mettre en garde contre toutes les sur-
prises.

Doria (Rapporteur de la Commission d'organisation).
— La proposition du camarade Lachèvre vient, si je ne
me trompe, parler du cas arrivé à l'ouvrier Vigne, des
Forges et Chantiers. A ce sujet, mes chers camarades,
permettez-moi de vous dire ceci : Si le camarade Vigne
était venu nous trouver dès le début, il ne serait pas où il
en est. On a parlé de médecins experts de la marine mais
je ne sache pas que M. Vian, le médecin qui l'a soigné,
soit médecin de la marine. Les personnes qui s'occu-
paient du camarade Vigne avant que j'aie pris l'affaire
en mains, avaient pour devoir de récuser M. Vian. Non
pas, parce qu'il était nommé expert de l'Etat, mais parce
qu'il était nommé expert appartenant à la Compagnie
des Forges et Chantiers de la Méditerranée. A ce moment-là on était en droit de le récuser. Je viens d'adresser moi-même une protestation au président du Tribunal civil. Ce dernier nous a fait connaître qu'il était du
devoir de l'avoué et de l'avocat de l'ouvrier de faire
cette remarque : Elle n'a pu être faite, mais nous l'avons
faite du jour où l'affaire nous a été confiée.

Il ne faut pas faire croire un instant au Congrès que
M. Vian était médecin de la marine, que vous récusiez
ce médecin parce qu'il appartient à l'atelier où le camarade Vigne est employé.

En ce qui concerne ce camarade, je le répète, l'expertise tombe de plein droit parce que le médecin est des
Forges et Chantiers. Il en sera nommé un autre.

Antonelli (Régie directe de Toulon). — A mon avis, il
conviendrait d'ajouter au paragraphe : Que les méde-

cins des grandes industries ne soient pas désignés pour faire les expertises.

Voix NOMBREUSES. — La clôture ! La clôture ! (Bruit).

LE PRÉSIDENT. — J'entends demander la clôture. Je la mets aux voix.

LACHÈVRE (Bourse du Travail de La Seyne). — Je demande la parole contre la clôture. Il faut qu'entre le camarade Doria et moi, le malentendu qui règne se dissipe. Je n'ai pas dit que le docteur Vian était médecin de la marine, j'ai voulu dire que le docteur Vian avait été désigné comme expert par le Tribunal civil. Mais ce dernier, n'ayant pas les appareils nécessaires à sa disposition pour soigner le malade, l'a envoyé à l'hôpital de la marine.

Je propose donc que, *en aucun cas*, les médecins militaires soient désignés pour procéder aux expertises.

NOGUÈS (Syndicat des Peintres de Marseille). — La question qui nous est posée est très claire. A mon avis, nous ne devons pas accepter les médecins militaires pour procéder aux expertises. Nous ne voulons que des médecins civils .

D'autre part, nous avons procédé, ce matin, au vote d'un article spécifiant que le malade avait le droit de choisir son médecin. Il est inutile de nous éterniser sur une pareille question.

ROSSO (des Portefaix de Toulon). — Quand plusieurs camarades demandent la clôture, un orateur a-t-il le droit de parler contre la clôture. (Bruit.)

JANNOT (de Cette). — Si le Congrès daigne m'entendre une minute, je vais être assez explicite pour démontrer que ce que vous allez faire n'a pas sa raison d'être.

Voix NOMBREUSES. — La clôture ! La clôture !

LE PRÉSIDENT. — Camarades, la clôture est parvenue au bureau, je la mets aux voix.

La clôture, mise aux voix, est prononcée.

OMS (de Cette). — Depuis bientôt une heure, nous discutons sur un article que tous, j'en suis certain, nous désirons voter.

Camarade Président, mettez l'article aux voix, immédiatement.

DORIA (Rapporteur de la Commission d'organisation). — Il y a une grande confusion. Au sujet de l'affaire Vigne, les médecins de la marine n'y sont pour rien. Il manquait au médecin expert l'outillage nécessaire, il l'avait demandé à l'Hospice civil de Toulon, mais ne l'avait pas trouvé. Il s'est alors adressé à la Marine, mais pour les appareils seulement et non pas pour le concours des médecins de la marine.

Voilà ce que les camarades n'ont pas compris.

VOIX NOMBREUSES. — La clôture ! La clôture !

LACHÈVRE (Bourse du Travail de La Seyne).— Je maintiens ma proposition.

DORIA (Rapporteur de la Commission d'organisation). — Mais je suis de votre avis, mon cher camarade. C'est l'esprit de la Commission.

Si les médecins de ville s'adressent à la Marine c'est pour l'outillage seulement et pas autre chose.

LE PRÉSIDENT. — Je mets la proposition du camarade Lachèvre aux voix.

La proposition mise aux voix est adoptée.

J'ai reçu des camarades Delavel, de Toulon, et Imbert, Employés de commerce de Toulon, l'ordre du jour suivant :

« Les médecins de l'armée et de la marine ne pour-
« ront être désignés pour procéder à des expertises mé-
« dicales. Toutefois, si les appareils nécessaires man-
« quaient au médecin civil, ce dernier pourra faire son
« expertise dans la Faculté voisine du lieu «.

Je mets cette proposition aux voix ainsi que l'article en discussion. Ceux qui en sont partisans, veuillez le manifester par un lever de mains .— Adopté.

J'ai également reçu des camarades Antonelli (Régie directe de Toulon), et Dupuy (Commis auxiliaires de Toulon), l'ajout suivant :

Ajouter à l'article : Ayant trait aux accidents de travail. »

Etes-vous d'avis d'adopter cet amendement ?

La proposition mise aux voix est adoptée.

L'ordre du jour appelle la discussion sur l'article suivant :

ENRÔLEMENT DES AFFAIRES

Les avoués devront faire enrôler les affaires dans un plus bref délai et veiller qu'elles soient plaidées à leur tour.

La parole est au camarade Tourre.

TOURRE (Union des Chambres Syndicales de Vaucluse). — Je suis d'avis d'adopter la proposition de la Commission en remplaçant le mot : « veiller » par le mot « exiger ».

LE PRÉSIDENT. — Personne ne demande la parole contre cette proposition ? Je la mets aux voix ainsi que l'article en discussion. — Adopté.

L'article suivant est celui-ci :

Notification des pièces d'avoué à avoué. Elles devront être faites à bref délai.

La parole est au camarade Tourre.

TOURRE (Union des Chambres Syndicales de Vaucluse). — Je demande qu'on ajoute à cette proposition : dans le délai de 4 jours.

BLANC (Bourse du Travail de Marseille). — Ce matin nous avons voté, à un article se rapportant à celui qui est en discussion, un délai de 15 jours. Je suis d'avis de donner un délai de 15 jours.

OMS (de Cette). — Je me rallie à cette proposition de 15 jours.

LE PRÉSIDENT. — Je mets donc aux voix la proposition du camarade Tourre, amendée par le camarade Blanc, ainsi que l'article en discussion.

Ceux qui en sont partisans, veuillez le manifester par un lever de mains. — Adopté.

LE PRÉSIDENT. — Nous passons à l'article suivant :

APPEL

L'avoué de première instance devra faire diligence pour la transmission à l'avoué d'appel.

J'ouvre la discussion sur cet article.

JANNOT (de Cette). — Pour transmettre un dossier, je crois qu'il n'est pas besoin de 15 jours. Je propose qu'il soit spécifié dans l'article qu'un délai de 48 heures lui sera accordé.

ALLIER (Ouvrier de débarquement de bois de Marseille. — Je crois que le mot diligence qui est compris dans l'article veut dire le plus tôt possible, je ne vois pas pourquoi il faudrait ajouter quelque chose à cela.

DORIA (Syndical des Métallurgistes de Toulon). — Je vais contenter tout le monde sur cette question d'appel :

Je propose d'ajouter à cet article le mot suivant : *qui devra délivrer récépissé des dossiers reçus.*

JANNOT (de Cette). — Je répète que le mot diligence n'est pas assez explicite ; diligence veut dire : après travail en cours. Nous sommes ici pour trancher les difficultés qui peuvent se présenter en matière de jurisprudence. Je propose donc de fixer un délai de 48 heures pour cette transmission.

DORIA (Rapporteur de la Commission d'organisation). — En ce qui concerne cette discussion, nous nous trouvons ici devant le tribunal de première instance. Ce Tribunal est appelé à nommer un ou plusieurs experts, de ce fait il arrive que quelques pièces du dossier du sinistré se trouvent un peu partout, soit chez les experts, soit chez l'avoué, et il est très difficile de fixer un délai aussi court que celui proposé par le camarade Jannot.

Ici, je le répète, ce n'est plus comme devant la justice de paix ; je demande d'accorder un délai de 20 jours au moins.

LINGUEGLIA (de Constantine). — A mon avis le délai de 48 heures est absolument impossible, il faudrait un mois.

NOGUÈS (Syndicat des Peintres de Marseille). — Nous sommes ici réunis pour protester contre les abus et la lenteur judiciaires. Je me rallie donc à la proposition du camarade Jannot, de Cette.

DORIA (Rapporteur de la Commission d'organisation). — Je n'osais pas, tout d'abord, vous proposer le délai d'un mois, mais notre camarade Lingueglia l'a fait et je m'y rallie . Voici, camarades, les dossiers des accidents de travail, arrivés à la Bourse du Travail de Toulon, depuis le mois de janvier. (L'orateur montre une volumineuse boîte contenant les dossiers.)

Si vous ne donnez pas le temps matériel d'étudier ces dossiers, les ouvriers seront lésés. Je m'oppose à la proposition du camarade Jannot et je propose un mois.

NOGUÈS (Syndicat des Peintres de Marseille). — Nous avons chez nous, à Marseille, et comme presque partout ailleurs des retards que vous n'avez pas ici, à Toulon, en ce qui concerne la magistrature. Notre Congrès qui n'est que régional deviendra peut-être national et il ne faut pas voter des articles de loi se rapportant uniquement à la ville de Toulon. Je demande, au nom du Congrès, que le plus bref délai soit donné à la magistrature pour régler nos affaires.

OMS (de Cette). — Je me rallie à la proposition élaborée par la Commission d'organisation et à l'amendement proposé par notre camarade Doria.

INCIDENT

BAILLY (2ᵉ délégué des Peintres de Marseille). — Je suis venu ici dans l'intention de défendre les intérêts des ouvriers. La discussion qui a lieu actuellement a pour but de défendre les intérêts de la magistrature. Dans ces conditions, je préfère m'en aller et ne prendre aucune part à de pareilles discussions. (Bruit prolongé).

LE PRÉSIDENT. — Camarade Bailly, vous représentez ici une organisation ; de ce fait, vous avez accepté de venir lutter avec nous pour nos revendications. En partant du combat vous commettez une lâcheté. (Mouvements divers.)

DORIA (Rapporteur de la Commission d'organisation). — La question est très grave : je n'admettrai jamais que des camarades, quels qu'ils soient, puissent oser nous dire que nous défendons les intérêts de la magistrature.

Si nous nous servons des magistrats, camarade Bailly, c'est parce que nous devons nous en servir et sachez bien que, ces mêmes magistrats, lorsqu'ils ne font pas leur devoir, nous savons aussi les poursuivre.

Des huissiers et des avoués ont été poursuivis par la Bourse du Travail de Toulon pour avoir extorqué de l'argent aux travailleurs. (Vifs applaudissements.) J'ai, à cet effet, ce matin, fait passer sous vos yeux des photographies que vous ne pouvez dénier. Les épithètes que vous venez de nous lancer, camarade, nous vous les rejetons.

D'autre part, je vous ferai remarquer, camarade Bailly, que vous n'êtes ici qu'un spectateur, puisque lors de la vérification des pouvoirs il avait été entendu que, seul, votre camarade Noguès, de votre corporation, prendrait la parole.

Citoyen Président, vous n'avez ici qu'un seul délégué de la corporation des Peintres de Marseille qui doit prendre la parole. Je me permets de vous le rappeler. (Vifs applaudissements.)

LE PRÉSIDENT. — L'incident est clos.

J'ai reçu du camarade Oms, de Cette, la proposition suivante :

« *Je demande un vote de confiance pour la Commission d'organisation du Congrès par appel nominal.* »

BLANC (Bourse du Travail de Marseille). — Je regrette les incidents qui viennent de se produire. Cependant, nous sommes venus ici pour faire du travail et je ne comprends pas qu'on puisse sortir de la question.

Les mandats que nous ont confiés nos Bourses du Travail sont longs à remplir et j'estime que nous ne devons pas perdre du temps inutilement.

Une proposition nous est soumise, il faut la mettre aux voix et passer ensuite aux autres articles.

LE PRÉSIDENT. — Je ne demande pas mieux que d'avancer le plus possible, mais il faut pour cela du silence. Camarades, j'ai déclaré l'incident clos. N'oubliez pas que nous avons encore long à discuter et que notre travail est sérieux. Je mets aux voix l'article en discussion avec l'amendement proposé par nos camarades Doria et Lingueglia. Ceux qui en sont partisans, veuillez le manifester par un lever de mains. — Adopté.

LE PRÉSIDENT. — Personne ne demande la parole au sujet du vote de confiance demandé par le camarade Oms.

BLANC (Bourse du Travail de Marseille). — Je demande que ce vote de confiance soit fait à la fin de la séance et par appel nominal.

VOIX NOMBREUSES. — Oui ! Oui ! à la fin de la séance.

LE PRÉSIDENT. — Je mets la proposition du camarade Blanc aux voix ; ceux qui en sont partisans, veuillez le manifester par un lever de mains. — Adopté.

La suite de l'ordre du jour appelle la discussion sur l'article :

PREMIÈRE INSTANCE ET APPEL

L'avoué devra toujours transmettre le dossier à l'avocat. Si le procès est perdu par l'ouvrier ou si la rente n'est pas jugée par lui, suffisante, l'avoué devra lui rédiger la demande d'assistance judiciaire pour l'appel.

Pour ces deux juridictions, les jugements devront toujours être communiqués aux intéressés dans le plus bref délai

J'ouvre la discussion sur cet article. Personne ne demande la parole ? Je mets l'article aux voix. — Adopté.

LE PRÉSIDENT. — L'article suivant est celui-ci :

RÉVISION DE LA RENTE

Le dossier doit toujours être remis à la victime par l'avoué en vue de la révision possible de la rente dans le délai de 3 ans.

La parole est au rapporteur de la Commission.

DORIA (Rapporteur de la Commission d'organisation). — Cet article, que votre Commission vous propose d'accepter dans toute sa teneur, nous a été inspiré par des faits qui se produisent assez souvent dans les affaires que nous avons avec la justice.

Il arrivait quelquefois que l'avoué gardait chez lui le dossier. Lorsque cet avoué venait, soit à vendre son étude, soit à mourir, ceci est un cas qui, malheureusement, arrive à tout le monde, quelques pièces s'égaraient. Le sinistré, s'il voulait avoir son dossier, ne le trouvait plus complet et c'était des recherches interminables. C'est pour parer à ces éventualités que la Bourse du Travail de Toulon vous propose cet article. J'engage tous les camarades ici présents à préconiser cette manière de faire dans leurs organisations.

BOURGET (Syndicat des Maçons de Toulon). — Quand un camarade s'est blessé, qu'il a subi pendant 6 mois ou 1 an, un traitement quelconque, qu'il a touché un demi-salaire, que le Tribunal s'est prononcé, que la rente lui est allouée, la Compagnie d'assurances lui fait remarquer qu'il le doit à la Compagnie et, de ce fait, reste un an ou deux sans toucher de demi-salaire.

DORIA (Rapporteur de la Commission d'organisation). — J'ai déjà parlé des rentes. Lorsque le juge de paix rend son jugement en dernier ressort, nous avons demandé que la rente, qu'elle soit rachetable ou non, coure du jour de l'accident. Le sinistré a toujours le droit pendant deux ans et demi de reprendre son procès.

LE PRÉSIDENT. — Personne ne demande plus la parole ? Je mets l'article aux voix. Ceux qui sont partisans de l'adopter, veuillez le manifester par un lever de mains. — Adopté.

Nous passons à l'article :

DÉCLARATION A LA MAIRIE

La déclaration à la Mairie devra être remplie par l'employé municipal lorsque l'ouvrier ne sait pas écrire ou ne le peut pas.

J'ai reçu des camarades Paul (d'Arles), et Aubert (Bouchers et Charcutiers de Marseille), la motion suivante sur la question des ouvriers agricoles, principalement dans la région de la commune d'Arles : « Ayant une extension de 50 kilomètres et autres localités paysannes, que tous les employés municipaux ou autres soient obligés, d'après une loi formelle, de donner tous les renseignements nécessaires à tous ces ouvriers qui sont encore très en retard vis-à-vis de ces dites lois ».

DORIA (Rapporteur de la Commission d'organisation). — Voici les imprimés actuels et les parties à remplir.

(L'orateur montre les imprimés actuels et les modifications à leur apporter.)

LE PRÉSIDENT. — Personne ne demande plus la parole? Je mets l'article aux voix ainsi que la motion des camarades Paul (d'Arles), et Aubert (de Marseille). Ceux qui en sont partisans, veuillez le manifester par un lever de mains. — Adopté.

Je donne lecture de l'article suivant :

CERTIFICAT MÉDICAL.

Le certificat ne devra jamais être délivré par le médecin de l'Assurance.

L'imprimé de déclaration de la Mairie devrait porter la mention suivante :

La victime est libre de prendre un médecin de son choix pour l'établissement du certificat médical comme pour les soins que nécessite la suite de l'accident.

La parole est au camarade Allier (de Marseille).

ALLIER (Ouvriers de débarquement des bois de Marseille). — Je demande qu'on substitue au mot *devrait* le mot *devra*, dans l'article qui est en discussion.

ANTONELLI (Régie directe de Toulon). — Je me rallie à la proposition du camarade Allier.

LE PRÉSIDENT. — Personne ne demande la parole contre cette motion ? Je la mets aux voix. Ceux qui sont d'avis de l'accepter, veuillez le manifester par un lever de mains. — Adopté.

J'ai reçu du camarade Blanc (de la Bourse du Travail de Marseille), le vœu suivant :

« La Bourse du Travail de Marseille demande que, dans aucun cas, et sous aucun prétexte, le médecin de l'Assurance, ne puisse fournir directement ou indirectement de certificat médical. »

DORIA (Rapporteur de la Commission d'organisation). — Il est bien entendu que, avec la loi actuelle du 9 avril 1898, si toutes les organisations connaissaient leurs devoirs, les certificats des médecins des Compagnies d'assurances ne figureraient jamais dans les dossiers des ouvriers. Je suis très heureux que notre camarade Allier ait fait voter la motion que nous venons d'adopter et je répète que si toutes les organisations connaissaient bien leurs devoirs, ces certificats n'auraient pas lieu d'être.

LE PRÉSIDENT. — Personne ne demande plus la parole ? Je mets d'abord aux voix, l'article qui est en discussion (adopté), ainsi que la proposition faite par la Bourse du Travail de Marseille. — Adopté.

DORIA (Rapporteur de la Commission d'organisation). — Quoique l'article soit voté, permettez-moi de dire encore deux mots au sujet de l'affaire Vigne.

Le 2e paragraphe est très important et je voudrais qu'il fut préconisé partout.

LE PRÉSIDENT. — L'article suivant est celui-ci :

CRÉATION DE NOUVELLES CHAMBRES CIVILES
PRÈS LES TRIBUNAUX

De nouvelles chambres devront être créées près les Cours et Tribunaux pour que les affaires d'accidents soient plus actives.

J'ouvre la discussion sur cet article. Personne ne demande la parole ? Je le mets aux voix. Ceux qui en sont partisans, veuillez le manifester par un lever de mains. — Adopte.

LE PRÉSIDENT. — Article suivant :

PAIEMENT DES TROIS ANNUITÉS

Les avocats, avoués et huissiers ne devront jamais circonvenir les victimes de nationalité étrangère pour les leur faire accepter.

J'ouvre la discussion sur cet article. Personne ne demande la parole ? Je le mets aux voix. Ceux qui en sont partisans, veuillez le manifester par un lever de mains. — Adopté.

— 82 —

LE PRÉSIDENT. — Voici l'article suivant :

PROVISIONS

Que les Tribunaux devant lesquels se trouve l'affaire accordent des provisions quand l'accident n'est pas contesté.

La parole est au camarade Jannot.

JANNOT (de Cette). — Je dépose sur le bureau, au nom de la Bourse du Travail de Cette, et au nom du camarade Oms (des Dockers de Cette), le vœu suivant :

« *Je demande que les provisions, quand l'accident n'est pas contesté, soient au moins fixées au minimum du demi-salaire gagné par le sinistré.* »

Actuellement, les provisions données par le Tribunal civil sont dérisoires ; il faut que les provisions, si le sinistré gagne, par exemple 50 francs, soient portées au moins à 25 francs.

LE PRÉSIDENT. — Personne ne demande plus la parole? Je mets aux voix, et l'article en discussion et l'amendement des camarades Jannot et Oms.

Ceux qui sont partisans de les adopter veuillez le manifester par un lever de mains. — Adoptés.

BLANC (Bourse du Travail de Marseille). — Je demande la parole.

LE PRÉSIDENT. — La parole est au camarade Blanc.

BLANC (Bourse du Travail de Marseille). — Camarades, il nous reste encore quatre articles à voter pour terminer l'ordre du jour présenté par la Bourse du Travail de Toulon. Nous sommes à mardi soir, à mon avis, il faudrait renvoyer à demain la suite des articles, et ne pas donner aux camarades trop de travail, si, comme moi, du moins, ils sont obligés de rendre compte à leurs organisations respectives du travail que nous faisons ici.

Je demande donc le renvoi des articles qui suivent à la discussion de demain.

DORIA (Rapporteur de la Commission d'organisation). — Pour confirmer les dires de notre camarade Blanc, je demande que l'on réserve la séance de demain soir pour les diverses communications que j'ai reçues et qui se rapportent à l'ordre du jour.

ALLIER (Ouvrier de débarquement de bois de Marseille). — Je demande aux congressistes de continuer la séance jusqu'à 5 heures, de manière à terminer notre travail demain matin et pour qu'il nous soit permis, dans la soirée, de visiter cette bonne ville de Toulon, que nous avons l'honneur d'habiter pendant ces quelques jours.

BLANC (Bourse du Travail de Marseille). — Nous ne sommes pas venus ici pour nous amuser. L'argent que m'a donné la Bourse du Travail ne m'a pas été remis pour faire la noce.

Je veux rendre compte à Marseille des résultats du mandat que j'ai reçu.

ALLIER (Ouvriers de débarquement de bois de Marseille). — Comme vous, mon cher camarade, je suis venu représenter une corporation. Dans bien des Congrès, les congressistes se sont toujours réservés le droit de prendre un peu de repos et je ne vois pas le mal qu'il y aurait à en faire de même ici à Toulon.

J'insiste pour que l'on continue à discuter les articles portés à l'ordre du jour.

LE PRÉSIDENT. — Camarades, nous pouvons nous arrêter là pour ce soir, en ce qui concerne l'ordre du jour. Nous continuerons le reste demain. Mais je mettrais tout le monde d'accord en rappelant que nous avons encore les questions soulevées par les camarades *Antonelli* et *Oms*, qu'au commencement de cette séance nous avons renvoyées à la suite de l'ordre du jour d'aujourd'hui. Si vous le voulez bien, je vais donner la parole au camarade *Antonelli*. (Assentiment.)

ANTONELLI (Régie directe de Toulon). — Dans le vote de l'article 3, nous avons passé, hier, sur une question humanitaire.

La loi du 9 avril 1898 sur les accidents dit :

« *Pour que l'épour survivant ait droit à la rente, il faut que le mariage ait été contracté avant l'accident. L'ouvrier grièvement blessé qui se verrait sur le point de mourir ne pourrait, par un mariage in-extremis, faire bénéficier sa femme de la loi.* »

Cela ne me parait pas humain, camarades. Je fais donc la proposition suivante :

« *Que la rente intégrale soit accordée à la femme mariée in-extremis et aux enfants reconnus après l'accident.* »

JANNOT (de Cette). — Nous nous trouvons en présence

d'un cas qui est en instance actuellement chez nous. La victime a été portée à l'hôpital à 3 heures du matin. Elle meurt. Sa femme, ou plutôt sa compagne, n'était pas encore mariée avec lui. Il y avait deux enfants. Nous sommes arrivés à faire marier les deux conjoints. Mais les Compagnies d'assurances ne se laissent pas devancer comme ça. Elles ont appris qu'ils s'étaient mariés après l'accident et c'est la jurisprudence qui nous éclairera sur cette question.

J'estime que le Congrès doit donner une sanction effective à la proposition du camarade Antonelli.

NOGRÈS (Peintres de Marseille). — La question posée par notre camarade Antonelli est peut-être plus large, son idée est bonne et je suis de son avis. Mais on pourrait l'appliquer à tous les enfants que l'on aurait pu avoir avec différentes compagnes.

MASSA (Maçons de Marseille). — Cela est très intéressant et je trouve l'idée du camarade Antonelli imbue de bon sens. Un camarade qui a abandonné la vie d'union et de paix qu'il avait avec une compagne, pour la laisser et en prendre une autre, s'il a eu des enfants, s'il ne peut pas contracter mariage avec les deux, du moins reconnaître tous les enfants.

Nous pouvons donc dire à nos amis : Ceux qui ont contracté l'amour libre avec diverses compagnes, que réellement la loi leur confère le droit de les reconnaître.

J'appuie la proposition du camarade Antonelli.

LE PRÉSIDENT. — Eh bien, camarades, si personne ne demande plus la parole sur cette question, je vais la mettre aux voix. Nous sommes tous d'accord, je crois, puisqu'il est naturel et humain de reconnaître les enfants, que la loi soit humaine à son tour, pour ne pas les oublier complètement, je mets la proposition du camarade Antonelli aux voix. Ceux qui en sont partisans, veuillez le manifester par un lever de mains. — Adopté.

LE PRÉSIDENT. — J'ai reçu du camarade Oms, la proposition suivante :

« Je propose un vote de confiance au Comité d'organisation ainsi qu'au secrétaire général Doria et ceci par appel nominal. »

ALLIER (Ouvriers de débarquement de bois de Marseille). — Je propose d'adresser des félicitations au président pour la façon énergique dont il a dirigé les débats, un peu difficile au commencement de cette séance.

LE PRÉSIDENT. — Je remercie l'auteur de cet ordre du jour ; les félicitations, je les exclus et je n'en veux pas.

J'ai reçu du camarade Reboul l'ordre du jour suivant :

« Les congressistes réunis en séance plénière dans un but d'apporter les modifications à la loi sur les accidents de travail et combler les lacunes qui existent dans la dite loi, imbus des meilleurs sentiments de solidarité ouvrière votent un ordre du jour de confiance et de félicitations pour le zèle et l'énergie qu'il a déployées dans l'exercice de sa tâche. »

BLANC (Bourse du Travail de Marseille). — Je ne suis pas l'ennemi des ordres du jour, cependant je tiendrais à ce que cet ordre du jour de félicitations soit renvoyé à la fin du Congrès. Nous verrons alors s'il y a lieu de voter des félicitations ou non.

DORIA (Rapporteur de la Commission d'organisation). — Nous ne sommes pas partisans des ordres du jour de félicitations, mais il est bon de faire remarquer aux camarades qu'à l'ouverture de la séance on a décidé de le voter à la fin de la séance. On a mis ici les membres de la Commission en jeu d'une façon un peu rude.

OUS (de Cette). — Je demande un vote de confiance et non de félicitations.

NOGUÈS (Peintres de Marseille). — Au début de la séance, lorsqu'on a proposé des félicitations, je me proposais de prendre la parole. Je déclare que lorsque les camarades du prolétariat ont fait tout ce qu'ils ont pu, ils doivent la reconnaissance à eux-mêmes dans le programme qu'ils ont étudié.

Vous avez obtenu par vous-mêmes, camarades de la Commission, ce que vous avez voulu obtenir. Les résultats, jusqu'à présent, sont brillants ; quand on a fait son devoir, que l'on n'a rien à se reprocher j'estime qu'on n'a pas besoin de demander la satisfaction des camarades. Tout à l'heure, au début de la séance, un incident s'est produit, mon camarade Bailly a laissé échapper un mot dans un moment d'emportement parce qu'il avait mal compris. Je conclus, camarades, pour dégager, non pas la Commission, mais le citoyen Doria, je tiens à dire que la Commission n'a pas besoin de félicitations.

REBOUL (Confiseur de Toulon). — Je combats la proposition que vient de faire le camarade Blanc ; vu l'incident qui s'est produit, je suis partisan de voter un ordre du jour de confiance immédiatement.

PAUL (Bourse du Travail d'Arles). — Je me rallie à la proposition du camarade Reboul.

GRANGER (Syndicat des Employés municipaux de Toulon). — Le Congrès n'est pas terminé pour voter un ordre du jour. Je demande que vous ayez l'obligeance de m'écouter. Demain, si nous sommes satisfaits du travail de la Commission, nous voterons des félicitations. Aujourd'hui il s'est produit un incident regrettable. Il y a lieu, à cause de cela, de voter la proposition suivante que j'ai l'honneur de vous soumettre :

« Considérant que la Bourse du Travail de Toulon a rempli tous ses devoirs en organisant le Congrès régional et que les congressistes sont tous solidaires et unis dans les mêmes sentiments d'union, de concorde et de fraternité, votent par acclamations, la confiance pleine et entière à la Commission d'organisation.

LAXAGUEGLIA (Membre de la Commission d'organisation). — Je regrette l'incident qui s'est produit au cours de la séance. Bien entendu, la Commission ne demande ni félicitations ni vote de confiance. La Commission estime que pour faire son devoir il n'est pas besoin de satisfaction personnelle et je ne crois pas dépasser la pensée des camarades de la Commission en vous déclarant que nous attendons la fin du Congrès pour trancher cette question.

OMS (de Cette). — Je renouvelle ma proposition et je dis que vu les incidents qui se sont produits il faut voter un ordre du jour de confiance.

VOIX NOMBREUSES. — La clôture ! La clôture !

LE PRÉSIDENT. — La clôture est demandée. Je la mets aux voix. Ceux qui en sont partisans, veuillez le manifester par un lever de mains. — Adopté.

BOURGET. — Je me rallie à la proposition du camarade Oms, il faut voter immédiatement un ordre du jour de confiance.

LACHÈVRE (Bourse du Travail de La Seyne). — Le vote de confiance que nous propose le camarade Oms avait sa raison d'être pendant un certain temps, mais après les explications fournies par le délégué de Marseille, le camarade Noguès, je demande à la Commission si elle ne doit pas se trouver satisfaite de ces déclarations.

BLANC (Bourse du Travail de Marseille). — C'est à peu près les explications que je voulais vous donner. Si le camarade Oms ne retire pas sa proposition, je demande qu'on la vote immédiatement.

LE PRÉSIDENT. — Nous sommes en présence de trois propositions, celles des camarades Oms, Reboul et Granger.

BOURGET — Je demande la priorité pour la proposition du camarade Oms, (Bruit, tumulte.)

LE PRÉSIDENT, — La séance est suspendue pendant 5 minutes.

(La séance suspendue à 4 h. 55 est reprise à 5 heures.)

LE PRÉSIDENT. — La séance est ouverte. Je donne la parole au Rapporteur de la Commission.

DOMA (Rapporteur de la Commission d'organisation). — Camarades, la Commission, devant les explications fournies par l'un des camarades peintres de Marseille, au nom de son organisation, se déclare entièrement satisfaite et repousse tout ordre du jour de confiance.

(Vifs applaudissements.)

LE PRÉSIDENT. — Camarades, aucune question n'étant inscrite à l'ordre du jour, il ne vous reste plus qu'à désigner pour la séance de demain mercredi, les noms des membres du Bureau.

Sont désignés :

Président : Marrou, typographe de Marseille; secrétaire : Lachèvre, Bourse du Travail de La Seyne ; assesseurs : Marin, Fédération des Mineurs de Gardanne ; Billard, Mécaniciens et Chauffeurs, Avignon.

La séance est levée à 5 h. 10.

1er CONGRÈS RÉGIONAL

TROISIÈME JOURNÉE

Séance du 30 Mars (matin)

La séance est ouverte à 9 heures sous la présidence du camarade Marrou (de Marseille) assisté des camarades Lachèvre (de La Seyne), comme secrétaire ; Marin (de Gardanne) et Billard (d'Avignon), comme assesseurs.

LE PRÉSIDENT. — Camarades, la séance est ouverte. Le secrétaire va faire l'appel des organisations présentes.

Le citoyen Imbert donne lecture du procès-verbal de la précédente séance.

LE PRÉSIDENT. — Personne ne demande la parole sur le procès-verbal ? Le procès-verbal est adopté.

J'ai reçu du camarade Massa (de Marseille) les deux lettres suivantes :

Toulon, 29 mars 1904.

Au camarade secrétaire de la Bourse du Travail de Toulon.

Camarade,

« Le Syndicat m'ayant accordé deux jours, ainsi
« qu'aux deux délégués suppléants, pour le représen-
« ter au grand Congrès régional de Toulon, je crois
« considérer l'ordre du jour que vous nous avez pré-

« senté comme épuisé. Pour les 4 questions inscrites
« qui restent encore à discuter, je laisse pleins pouvoirs
« au camarade Bourget pour émettre en notre nom, au
« moment du vote de chaque article, notre adhésion.

« Pour le Syndicat,

« Signé : MASSA. »

Toulon, 29 mars, 1904.

Au camarade président de la Commission d'organisation du Congrès.

Camarade,

« Au nom du Syndicat des ouvriers maçons de Mar-
« seille, j'adresse à la Commission d'organisation nos
« sincères remerciements pour l'accueil qui nous a été
« fait dans votre ville par les membres de la Commis-
« sion. Le Syndicat adresse tout particulièrement ses
« plus sincères félicitations au camarade Doria, rap-
« porteur, pour le tact et la parfaite lucidité des con-
« naissances juridiques qu'il a su montrer au dit Con-
« grès et à qui nous devons la marche accélérée et facile
« de nos travaux.

« Nous adressons nos remerciements les plus sin-
« cères au camarade Bourget, maçon, de Toulon, pour
« les preuves de camaraderie et de confraternité qu'il
« nous a montrées pendant les deux jours que j'ai eu
« l'honneur d'être avec lui.

« Je termine en souhaitant une prompte réussite au
« travail élaboré en ce Congrès, travail qui sera la juste
« récompense de la Commission d'organistion tout en-
« tière.

« Signé : MASSA. »

LE PRÉSIDENT. — Camarades, à vous de décider si le
citoyen Bourget peut représenter les délégués de Marseille qui ont été obligés de partir.

(Le Congrès accepte à l'unanimité).

LE PRÉSIDENT. — Nous nous sommes arrêtés hier soir
à l'article Provision. Nous allons, si vous le voulez bien,
continuer à discuter l'ordre du jour et nous commen-
cerons par l'article : Médecins experts.

BLANC (de Marseille). — Je demande la parole avant de discuter l'ordre du jour.

LE PRÉSIDENT. — La parole est au camarade Blanc.

BLANC. — On a omis à la séance d'hier soir de faire connaître le résultat de la collecte faite en faveur des grévistes de Roubaix. Le montant de cette collecte s'est élevé à 15 francs.

LE PRÉSIDENT. — Une deuxième quête sera faite à l'issue de la séance d'aujourd'hui. Les deux montants de ces quêtes seront partagés entre les différents grévistes.

J'ouvre la dicussion sur l'article : *Médecins experts.*

Ils devront être avisés assez à temps pour qu'ils procèdent à l'expertise dans les huit jours qui suivent la nomination.

La parole est au camarade Oms (de Cette).

OMS (de Cette). — Au sujet de l'article : *Médecins experts,* je dépose le vœu suivant :

« *Considérant que généralement les médecins ex-*
« *perts font des rapports favorables aux Compagnies*
« *d'assurances et ce pour sauvegarder les intérêts des*
« *dites compagnies, les soussignés émettent le vœu*
« *que les médecins experts soient moins intransigeants*
« *envers les ouvriers et plus impartiaux dans les con-*
« *clusions de leurs rapports d'expertise.* »

Signé : OMS (Cette); PAUL (Bourse du Travail
d'Arles); LACROIX (Marseille); MARIN
(Gardanne); ALBRAND (Toulon).

Ordinairement les médecins qui déposent des rapports quoique paraissant favorables, à première vue, aux intérêts des ouvriers, ont des conclusions de nature à être interprétées par la justice dans un sens favorable aux compagnies.

Je demande que les ' experts soient plus explicites dans leurs conclusions.

NOGUÈS (Syndicat des peintres de Marseille). — Je demande que les médecins experts soient avisés 24 heures après leur nomination.

COUUR (Syndicat des coiffeurs de Toulon). — Je demande qu'ils soient avisés 48 heures après, au lieu de 24. Ce laps de temps de 24 heures n'est pas suffisant à mon avis.

GINAT (Abattoir de Toulon). — Dans la séance d'hier

j'ai soulevé une question au sujet des médecins experts. On avait considéré le cas d'un militaire en permission travaillant chez un patron. Je demande si, dans ce cas, un médecin militaire peut être pris comme médecin expert ?

DORIA (Rapporteur de la Commission d'organisation). --- En ce qui concerne la nomination des médecins experts et pour répondre en même temps au camarade Oms, je propose à tous les camarades ici présents la démarche suivante, c'est d'ailleurs ce qui se fait à Toulon et je conseille à toutes les Bourses du Travail d'en faire de même .

Il faut que le tribunal de la localité dans laquelle vous vous trouverez ne nomme plus à l'avenir des médecins experts qui soient attachés à une Compagnie d'assurances quelle qu'elle soit. Il faut absolument des médecins désintéressés et consciencieux vis-à-vis du malade.

A Toulon nous avons réussi, en ce qui concerne la Justice de paix et le Tribunal de 1re instance, à n'avoir comme experts que des médecins non attachés à des compagnies.

A Toulon, les experts qui sont désignés par les tribunaux sont des médecins dont la Bourse du Travail fournit les noms et qui sont nommés à tour de rôle.

C'est cette démarche et cette manière de faire que je préconise pour toutes les Bourses du Travail : il faut empêcher que le parquet de votre localité désigne un médecin attaché à une compagnie d'assurances.

(Très bien).

En ce qui concerne la proposition du camarade No-guès, tendant à ajouter « 24 *heures après leur nomina-tion* » je me rallie aux paroles du camarade Codur. Vingt-quatre heures, ce n'est pas suffisant ; il faut au moins quarante-huit heures.

J'en profite également pour proposer à ce même article la substitution du mot *huit jours* par le mot *un mois*.

OMS (de Cette). --- Nous n'avons malheureusement pas encore à Cette ce que vous avez le bonheur de posséder ici à Toulon; car chez nous, nous allons passer les expertises à Montpellier. Mais les Compagnies d'assurances sont tellement roublardes qu'elles peuvent s'aboucher avec les médecins, et c'est dans cette crainte que je dépose un ordre du jour pour que les médecins experts soient plus explicites dans leurs rapports et que leurs conclusions ne donnent pas lieu à de fausses interprétations. Je maintiens ma proposition.

DELAVET (Syndicat des charretiers de Toulon). — Je demande la parole.

LE PRÉSIDENT. — La parole est au camarade Delavet.

DELAVET. — Au sujet du permissionnaire qui se blesse en travaillant chez un patron, je crois que vous ne pouvez pas empêcher le médecin militaire d'aller le visiter. A mon avis, cela est impossible. Mais en ce qui concerne l'expertise, le médecin militaire n'a rien à y voir. C'est à la justice civile qu'appartient le cas.

GINAT (Abattoir de Toulon). — Camarades, je dépose sur le bureau la proposition suivante :

« Le militaire en permission étant victime d'un acci-
« dent de travail est obligé de recevoir le médecin mi-
« litaire. Mais en aucune manière ce médecin militaire
« ne devra faire partie de la Commission d'expertise. »

ANTONELLI (Régie directe de Toulon). — Je voudrais savoir si les médecins attachés à une grande administration peuvent être désignés pour faire partie de la Commission d'expertise. Si oui, je dépose un amendement à cet article.

DOUA (Rapporteur de la Commission d'organisation). — Pour répondre au camarade Antonelli, je répète ce que j'ai dit hier au sujet de l'accident survenu à l'ouvrier Vigne des Forges et Chantiers de la Seyne. Le Tribunal civil avait désigné le docteur Vian comme médecin expert. Le docteur Vian est le médecin de cette administration. La Bourse du Travail a protesté et c'est aux Bourses du Travail et aux Syndicats qu'il appartient de protester énergiquement pour empêcher, lorsqu'un ouvrier d'une administration est blessé, qu'il soit expertisé par le médecin de cette même administration.

ANTONELLI (Régie directe de Toulon). — A mon avis si on ajoutait un article qui puisse faire partie de la loi, ce serait préférable.

MARIN (Fédération des mineurs de Gardanne). — Mais, camarades, nous avons l'article 17 paragraphe 4 qui donne satisfaction à tout le monde. Je vais vous le lire :

« Toutes les fois qu'une expertise médicale sera ordonnée soit par le juge de paix, ou par le tribunal ou par la Cour d'appel, l'expert ne pourra être le médecin qui a soigné le blessé ni le médecin attaché à l'entreprise ou à la Société d'assurances à laquelle le chef d'entreprise est affilié. »

Ce n'est donc pas la peine de faire un amendement.

TOURRE (Union des Chambres syndicales de Vaucluse. — Pour enlever tout pouvoir aux médecins de l'armée, je voudrais savoir si la loi autorise les militaires à prendre du travail dans l'industrie privée.

GINAT (Abatteurs de Toulon). — Dans la marine un militaire ne peut pas avoir de permission pour travailler en ville. Mais il n'en est pas de même dans l'armée de terre : le soldat qui, je suppose, a une permission de un mois pour aller faire les vendanges, est toujours soldat quoique travaillant dans l'industrie. La conclusion me semble claire : on ne peut pas empêcher le médecin militaire d'aller le visiter.

DORIA (Rapporteur de la Commission d'organisation). — Dans ce cas, mon cher camarade, nous n'en avons que faire du médecin de l'armée. Le soldat est permissionnaire; il a jugé à propos de demander une permission pour venir en aide à sa famille.

Vous dites, mon cher camarade, qu'il faut prévenir le médecin de l'armée ? Mais c'est son affaire, cela. Ce médecin militaire se rendra chez lui, pourra le soigner, mais il ne pourra pas statuer sur le cas de l'accident; sa déposition devant le tribunal sera nulle et non avenue ; elle ne sera pas valable. C'est la loi, mon cher camarade.

ALLIER (Débarquement des bois à Marseille). — Je demande la parole.

LE PRÉSIDENT. — La parole est au camarade Allier.

ALLIER (Ouvriers de débarquement des bois, de Marseille). — Je désirerais poser une question au camarade Doria.

Je suppose qu'un militaire en permission soit victime d'un accident; est-ce que le médecin de l'assurance ne pourrait pas récuser cet accident, ne pourrait pas rejeter la perte du sinistré ?

DORIA (Rapporteur de la Commission d'organisation). — Le militaire étant en permission est justiciable de la loi, du moment qu'il travaille.

TOURRE (Union des Chambres syndicales de Vaucluse). — On n'a pas répondu à ma question : est-ce que le militaire est autorisé à aller travailler en ville ?

Pour le travail des champs, je sais que ces autorisations sont accordées, mais je n'en ai jamais vu accorder pour aller travailler dans l'industrie privée.

AUBERT (Bouchers et Charcutiers de Marseille). — Est-ce qu'un militaire en congé de convalescence qui se blesse a droit au bénéfice de la loi sur les accidents de travail ?

Je serais très heureux d'être fixé sur ce point pour éclairer, dès mon retour, le Syndicat que j'ai l'honneur de représenter.

DORIA (Rapporteur de la Commission d'organisation). — Je vous réponds de suite.

Un soldat qui part en convalescence pour se reposer et qui travaille, peut être puni d'après les règlements militaires; mais du moment que le patron l'a embauché, ce dernier est responsable de la victime.

CODUR (Syndicat des coiffeurs de Toulon). — Un militaire en congé est électeur; par conséquent, s'il est électeur, il n'est plus soldat. De ce fait, il tombe sous la loi civile.

LE PRÉSIDENT. — C'est la loi. Cela n'est pas discutable.

Je mets aux voix la proposition des camarades Noguès-Codur tendant à substituer les mots : *48 heures après leur nomination* aux mots : *assez à temps.*

L'article en discussion : *Médecins experts* prend donc cette nouvelle forme :

« *Ils doivent être avisés 48 heures après leur nomina-*
« *tion pour qu'ils procèdent à l'expertise dans les huit*
« *jours qui suivent leur nomination.* »

Je mets aux voix cet article avec l'amendement des camarades que j'ai déjà nommés. Que ceux qui en sont partisans veuillent bien le manifester par un lever de mains. (Adopté).

Je mets également aux voix les vœux présentés par les camarades Oms (de Cette) et de *Ginal* (de Toulon). (Adopté).

Nous allons continuer l'ordre du jour et passer à l'article suivant.

DORIA (Rapporteur de la Commission d'organisation). — Je demande la parole.

LE PRÉSIDENT. — La parole est au camarade *Doria.*

DORIA. — Je dépose sur le bureau du Congrès la proposition suivante :

« *Préjudices considérables causés à leurs confrères*
« *par les médecins des Compagnies d'assurances :*

« *Attendu que les médecins des compagnies d'assu-*
« *rances en acceptant de faire tous les certificats et don-*
« *ner leurs soins aux blessés pour le prix de 10 à 15 fr.*
« *par accident constaté et soigné, ne se sont pas ou*
« *n'ont pas voulu se rendre compte du tort considérable*
« *qu'ils faisaient aux autres médecins et à eux-mêmes,*
« *le Congrès demande que tout ouvrier victime, choisis-*
« *se lui-même son médecin.* »

LE PRÉSIDENT. — Personne ne demande la parole sur cette proposition ?

Je la mets aux voix. (Adopté).

DORIA. — Nous avons fait hier le procès des hospices qui, à tort, reçoivent les victimes du travail. Nous avons fait ressortir qu'une victime du travail n'était pas un indigent. En conséquence je dépose l'ordre du jour suivant :

« Bourse du Travail de Toulon,

« *Le blessé qui a été transporté à l'hôpital sans en*
« *avoir nettement exprimé le désir, est considéré com-*
« *me n'ayant pas choisi son médecin.*

« *Le médecin doit être rémunéré au tarif ordinaire et*
« *non d'après le tarif de l'assistance.*

« Ordre du jour : *Lorsque la victime de l'accident est*
« *soignée dans les hôpitaux, la responsabilité du patron*
« *est celle déterminée au cas où le pharmacien et le mé-*
« *cin ont été choisis par le patron (Circulaire du Garde*
« *des sceaux du 10 juin 1899). Que telle est évidem-*
« *ment la pensée du législateur, quand le fait de l'hos-*
« *pitalisation de la victime de l'accident est en général*
« *indépendant de sa volonté, qu'il est imposé par l'état*
« *du blessé, l'urgence du traitement et l'impossibilité*
« *matérielle de le traiter à domicile, qu'on ne saurait*
« *donc assimiler ce cas à celui où la victime a choisi*
« *son médecin.* »

LE PRÉSIDENT. — Personne ne demande la parole contre cet ordre du jour ?

Je le mets au voix. (Adopté).

DORIA. — C'est toujours au sujet de l'article : *Médecins experts* que je parle :

Il arrive que les médecins experts nommés par les justices de paix, par les tribunaux de première instance et cours d'appel sont quelquefois très négligeants pour déposer leur rapport. A mon avis, cette façon de procéder donne matière à discussion. Lorsqu'un médecin doit, par exemple, analyser les urines du malade, il lui faut à ce moment là beaucoup plus de temps que lorsqu'il s'agit d'un accident tel que rupture d'une jambe, par exemple, ou d'un bras, où l'on ne peut établir le diagnostic très rapidement. Il serait de toute urgence que l'on fixât un délai pour la déposition de ce rapport.

Je propose de substituer dans l'article qui nous occupe aux mots : *huit jours*, les mots : *un mois*.

DELAVET (Tanneurs de Toulon). — Nous avons des docteurs ici dans la salle du Congrès. Ne pourrait-on pas leur demander leur avis à ce sujet ?

JANNOT (Bourse du Travail de Cette). — Au sujet des médecins experts je crois inutile de vous rappeler l'affaire qui s'est passée à Montpellier, dont je vous ai parlé dans les séances précédentes. A mon avis il faudrait trois médecins au lieu d'un parce que je crois fermement qu'à trois, outre que leur rapport sera plus juste, on n'aura pas à craindre que ces 3 médecins puissent avoir une entente avec la compagnie d'assurances.

DORIA. — Je me rallie à la proposition du camarade *Delavet*.

(L'orateur s'adresse aux médecins qui sont dans la salle).

Si un de ces messieurs voulait bien nous donner quelques explications, nous lui en serions bien reconnaissants.

M. LE DOCTEUR DASPRES, chirurgien en chef des Hospices. — Je ne vois pas qu'on puisse ajouter quelque chose de mieux à ce qui vient d'être dit. Il faut considérer les cas simples et les cas compliqués.

En ce qui concerne la loyauté dans la rédaction des rapports, les médecins agissent toujours d'après leur conscience.

Quant à moi, lorsque j'ai fait une expertise, je me suis toujours inspiré du grand principe émis par mon maître Ollier qui me disait : « Lorsque vous vous trouvez en présence d'une compagnie d'assurances immensément riche et d'un ouvrier; si un doute existe dans votre pensée, que ce doute soit profitable à l'ouvrier ». C'est ce principe que j'ai toujours adopté. (Applaudissements).

Maintenant je crois que la question est différente suivant la juridiction qui nomme les experts. Ainsi celle du juge de paix n'est pas la même que celle du Tribunal civil.

On demande au médecin si la blessure de l'ouvrier est consolidée ou non. Je crois qu'il y a là une expertise délicate.

Il est certain que si un malheureux ouvrier a une jambe, une cuisse, un bras amputé, pour celui-ci ce sera toujours une incapacité partielle et permanente et le rapport ne demande pas beaucoup de temps.

Mais je vais vous citer un cas tout récent :

Un ouvrier a fait une chute de 5 mètres de hauteur ; il a eu des lésions multiples. Il fallait dire si le malade était consolidé ou non. Ce malheureux avait eu une contusion à l'épaule. Je fus obligé de le voir à des époques tantôt assez éloignées, tantôt assez rapprochées. Lorsque je faisais mouvoir son épaule j'obtenais des craquements. Son articulation à des époques rapprochées, les craquements disparaissaient et, au contraire, lorsque je laissais le malade dans l'inaction, les craquements réapparaissaient. Était-ce un défaut de fonctionnement ? C'est ce que je me demandais et les conclusions auxquelles je me suis arrêté c'est que le malade était consolidé et que les craquements que j'entendais étaient dus à l'impotence de ce membre.

Mais je n'ai pu m'arrêter à cette conclusion qu'après un examen assez long.

Non pas huit ou dix jours ; ce laps de temps n'est pas suffisant.

Je suis de l'avis du camarade *Doria* pour demander un mois.

En ce qui concerne la sincérité, je le répète, il faut avoir confiance dans les médecins que vous nommerez. Ici, à Toulon, la tâche est devenue facile parce que nous sommes nommés par la Bourse du Travail.

Je terminerai là l'avis que l'on m'a demandé.

Pour les cas compliqués, il faut donc laisser toute la latitude au médecin. Cette latitude, nous ne la dépasserons pas, et soyez assurés que, lorsque nous expertisons

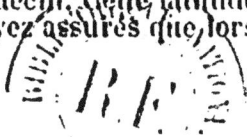

7

nous ne perdons jamais de vue l'intérêt de l'humble, de l'ouvrier. (Applaudissements.)

LE PRÉSIDENT. — Je crois être l'interprète de tous les membres du Congrès pour remercier Monsieur le docteur *Paspres*, des renseignements clairs et précis qu'il a bien voulu nous donner. (Applaudissements.)

L'article, en tenant compte de l'amendement des camarades *Codur* et *Doria* se trouve ainsi modifié :

MÉDECINS EXPERTS

« *Ils devront être avisés 48 heures après leur nomination pour qu'ils procèdent à l'expertise dans le mois qui suit leur nomination.* »

Je mets l'article aux voix. Ceux qui sont d'avis de l'adopter, veuillez bien le manifester par un lever de mains. — Adopté.

LE PRÉSIDENT. — Nous continuons l'ordre du jour. Le secrétaire va vous donner lecture de l'article suivant :

CERTIFICATS

« *Les avocats devront user des derniers certificats dans l'intérêt de la victime.* »

J'ouvre la discussion sur cet article.

Personne ne demande la parole ?

Je le mets aux voix. Ceux qui en sont partisans, veuillez bien le manifester par un lever de mains. — Adopté.

LE PRÉSIDENT. — Le secrétaire va vous donner lecture de l'article qui suit :

INCOMPÉTENCE

« *L'incompétence devra être vidée séance tenante et sans renvoi ou tout au moins dans la plus prochaine audience.* »

J'ouvre la discussion sur cet article.

La parole est au camarade *Oms*, de Cette.

OMS (de Cette). — Je propose le vœu suivant présenté par Cette, Saint-Louis, Ports de Marseille et Mineurs de Gardanne.

Nous émettons le vœu et insistons sur la teneur de

cette proposition qui est la conséquence de la nonchalance habituelle des juges de paix.

Le Président. — Personne ne demande la parole contre ce vœu ?

Je le mets aux voix. — Adopté.

Le Président. — Nous avons à discuter maintenant le dernier article ' l'ordre du jour. Il est ainsi conçu :

ASSISTANCE JUDICIAIRE POUR L'APPEL.

Qu'elle soit étendue de plein droit pour l'appel et sans que l'ouvrier en fasse la demande.

La parole est au camarade Marin.

Marin (Fédération des mineurs de Gardanne). — Je demande que dans l'article en discussion on supprime les mots : pour l'appel et qu'on les remplace par les mots : en appel et en cassation, pour donner plus de force à cette réforme.

Doria (Rapporteur de la Commission d'organisation). — En matière d'accidents il arrive, lorsqu'un sinistré est mécontent de la rente allouée par le tribunal, que l'ouvrier fait appel et demande l'assistance judiciaire. Cette assistance lui est quelquefois refusée.

C'est pour faire disparaître cette lacune de la loi que la Commission a décidé cet article. Je ne vois aucun inconvénient à adopter l'amendement proposé par notre camarade Marin.

Le Président. — Personne ne demande plus la parole pour cet article ? Ceux qui sont partisans de l'adopter, veuillez le manifester par un lever de mains.

(Adopté).

Camarades, l'ordre du jour de la Commission d'organisation étant épuisé, je donne la parole aux camarades qui désireraient soit proposer des vœux ou présenter des propositions additionnelles.

Oms (de Cette). — Je propose l'amendement suivant :

« Suppression du paragraphe 2 de l'article 20 du titre 3 de la loi du 9 avril 1898. »

Ce paragraphe est ainsi conçu : « Le Tribunal a le droit, s'il est prouvé que l'accident est dû à une faute inexcusable de l'ouvrier, de diminuer la pension fixée au Titre premier. »

Je demande la suppression de ce paragraphe.

LE PRÉSIDENT. — Personne ne demande la parole à ce sujet ? Je mets l'amendement du camarade Oms aux voix. (Adopté).

La parole est au camarade Blanc, de Marseille.

BLANC (de Marseille). — Je fais la proposition suivante :

« *La Bourse du Travail de Marseille demande que* » *le résultat du Congrès soit communiqué immédiate-* « *ment au Conseil supérieur du Travail.* »

DORIA (Rapporteur de la Commission d'organisation). — Le compte rendu de notre Congrès étant sténographié, il nous faut du temps pour le traduire. De plus, nous avons décidé de faire imprimer ce compte rendu et d'en adresser communication aux deux chambres ainsi qu'aux administrations qui nous intéressent. Ce travail nous demandera environ 1 mois. Je propose d'ajouter à la proposition du camarade *Blanc* les mots : « *et à toutes les Bourses du Travail de France et des colonies.* »

LE PRÉSIDENT. — Personne ne demande la parole sur cette proposition ? Je la mets aux voix avec l'addition du camarade *Doria*. (Adopté).

La parole est au camarade *Lingueglia*.

LINGUEGLIA. — Je dépose les vœux suivants :

« Bourse du Travail de Constantine

Le 23 février 1904.

Camarades,

La Bourse du Travail de Constantine et de Bône- *Guelma me prie de vouloir bien déposer au Congrès,* *en son nom, les vœux suivants :*

« *1° Que le Gouvernement rende, le plus tôt possi-* « *ble, par voie de décret, applicable à l'Algérie la loi* « *du 9 avril 1898 sur les accidents du travail, de même* « *que les lois ouvrières du 10 août 1900.* »

« *2° Qu'il soit procédé à la revision de la loi sur les* « *prud'hommes admettant comme justiciables de ces* « *tribunaux les catégories de travailleurs qui en sont* « *écartés tels que les comptables, employés de com-* « *merce, etc...* »

Signé : LINGUEGLIA. »

Camarades, la demande de nos camarades de la Bourse du Travail de Constantine et de Bône-Guelma est juste.

La solidarité qui unit le prolétariat du monde entier nous impose le devoir auquel nous nous soumettrons avec plaisir de demander avec ténacité à nos législateurs de traiter sur le pied d'égalité nos frères d'Algérie.

J'espère, camarades, que vous voterez par acclamation les vœux que j'ai eu l'honneur de vous exposer.

LE PRÉSIDENT. — Personne ne demande la parole sur ces vœux ? Je les mets aux voix. (Adopté à l'unanimité).

J'ai reçu des camarades *Granger* (Employés municipaux) ; *Bonnet* (Menuisiers Ébénistes de Toulon) ; *Lachèrre* (Bourse du Travail de La Seyne); *Armand* (Métallurgistes de La Seyne); *Aubet* (Bâtiments de La Garde); le vœu suivant :

« *La loi de 1898 sur les accidents du travail une fois*
« *réformée conformément à l'esprit du Congrès régio-*
« *nal tenu à Toulon (Bourse du Travail) les 28, 29, 30*
« *mars 1904 et de par son article 1er comprenant tous*
« *les travailleurs sans distinction,*

« *La Bourse du Travail de La Seyne et le Syndicat*
« *des Employés municipaux de Toulon émettent le*
« *vœu :*

« *Que les employés et ouvriers des sociétés coopéra-*
« *tives de consommation et de production soient d'of-*
« *fice assurés par l'État comme assureur.* »

DORIA (Rapporteur de la Commission d'organisation). — Je propose d'intercaler les mots : *sociétés coopérati-*
ves ouvrières et : *soient d'office et gratuitement assu-*
rés.

LE PRÉSIDENT. — Je mets ce vœu, avec l'addition proposée par le camarade *Doria* aux voix. (Adopté).

La parole est au camarade *Imbert.*

IMBERT (Employés de Commerce de Toulon). — Au nom des employés de Commerce de Toulon et des savonniers de Marseille, j'émets le vœu suivant :

« *1° Que les Parlements comprennent tous les sala-*
« *riés des deux sexes dans la catégorie des travailleurs.*
« *Exception est faite naturellement pour les corps di-*
« *rigeants, représentants directs des patrons, compa-*
« *gnies, ou État-Patron.*

« 2° *Que tous les salariés des deux sexes jouissent*
« *des mêmes bénéfices conférés par les lois, décrets,*
« *circulaires, instructions ou autres en vigueur et of-*
« *frant quelque avantage aux travailleurs, tels que :*
« *Conseils des prud'hommes, lois sur les accidents du*
« *travail, etc...*

« *Invitent le, Gouvernement à donner suite à ces*
« *vœux dans le plus bref délai.* »

LE PRÉSIDENT. — Personne ne demande la parole ?
Je mets aux voix. (Adopté).

La parole est au camarade *Codur.*

CODUR. — Au nom du Syndicat des coiffeurs, du
Syndicat des Cordonniers, des Employés municipaux
et du Syndicat des Menuisiers, je dépose le vœu suivant :

« *Considérant que la loi du 9 avril 1898 sur les acci-*
« *dents du travail est incomplète ;*

« *Considérant qu'elle est loin de donner satisfaction*
« *entière à la classe laborieuse et que dans ses lacunes*
« *elle la laisse journellement victime de son travail pé-*
« *nible et de l'égoïsme honteux de la classe capitaliste*
« *qu'elle enrichit de sa misère;*

« *Considérant qu'il est temps de mettre un terme à*
« *ces abus sans nom qui semblent avoir été créés pour*
« *rendre plus profonde la misère des uns et augmen-*
« *ter le superflu de la fortune des autres,*

« *Le Congrès Régional tenu à Toulon les 28, 29, 30*
« *mars 1904, invite tous les élus et les pouvoirs publics*
« *à faire voter par voie législative et à bref délai les dé-*
« *cisions prises dans son sein.*

Signé : CODUR, CHAMPAGNE, GRANGÉ, BONNET.

LE PRÉSIDENT. — Personne ne demande la parole
contre ce vœu ? Je le mets aux voix. (Adopté).

LE PRÉSIDENT. — J'ai reçu du camarade *Allier* le
vœu suivant :

« *Pour que les travaux du Congrès de Toulon, vu*
« *son importance et que les travaux de la Commis-*
« *mission puissent produire tout le bien-être que le*
« *prolétariat entier en attend, je prierais les congressis-*
« *tes de ne pas se contenter d'un rapport fait à deux*
« *corporations, mais de faire une propagande énergi-*
« *que et ferme contre toutes les inégalités que comporte*

« la loi sur les accidents, en suivant l'exemple de la
« Bourse du Travail de Toulon.

« Signé : ALLIER (de Marseille). »

Personne ne demande la parole contre ce vœu ?

Je le mets aux voix.

(Adopté).

J'ai reçu du *Syndicat des Forgerons* de Marseille le
vœu suivant :

« *Nous émettons le vœu qu'il soit créé un Ministère*
« *du Travail ; que les commissions d'études, de confec-*
« *tions de lois ouvrières soient composées partie de*
« *gens de loi, partie d'ouvriers pris dans les syndicats*
« *et parmi ceux ayant des connaissances voulues. Qu'il*
« *en soit de même pour toutes les questions d'hygiène*
« *ouvrière, de façon que les intéressés aient droit à*
« *émettre leurs vœux, qui sont souvent les plus ration-*
« *nels.* »

Je mets ce vœu aux voix, si toutefois personne ne demande la parole à ce sujet.

(Adopté).

J'ai reçu des camarades *Hebreard* et *Ulysse* le vœu
suivant :

« *Les assureurs ont l'habitude de ne pas vouloir assu-*
« *rer les ouvriers qui ont atteint un certain âge. Ainsi,*
« *passé cinquante ans, les Assurances ne veulent plus*
« *assurer les ouvriers ; il s'ensuit que les patrons ne*
« *veulent plus employer des ouvriers que l'assurance*
« *laisse de côté.*

« *Notre syndicat demande donc qu'un article de loi*
« *soit bien spécifié de façon que des poursuites soient*
« *intentées, tant que l'Etat n'aura pas pris l'assurance*
« *à sa charge, à tout assureur qui refuse d'assurer les*
« *ouvriers à n'importe quel âge.* »

Signé : HÉBRÉARD, des Forges de Marseille ;
ULYSSE, des Charpentiers de marine.

Personne ne demande la parole ?

IMBERT (Employés de Commerce de Toulon). — Je demande la parole.

LE PRÉSIDENT. — La parole est au camarade *Imbert*.

IMBERT. — Etant donné que parmi les modifications
que nous avons apportées à la loi il est un article spé-

cifiant d'une façon assez formelle que les compagnies d'assurance sur les accidents sont supprimées, je ne vois pas l'utilité d'adopter un tel vœu.

LE PRÉSIDENT. — A mon avis, ce vœu est nécessaire car il ajoute : « *tant que l'État n'aura pas pris l'assu-* « *rance à sa charge.* »

Si personne ne demande encore la parole, je le mets aux voix.

(Adopté).

J'ai reçu des camarades *Oms* et *Jannot* (de Cette) le vœu suivant :

« *Un oubli a été fait hier, lorsque nous avons envoyé* « *notre salut de solidarité, au sujet des grévistes agri-* « *culteurs de la commune d'Elme, tout près de Perpi-* « *gnan, qui se sont soulevés comme un seul homme* « *pour revendiquer le droit à la vie ; les propriétaires* « *se sont solidarisés et comme subsides on a envoyé aux* « *grévistes des gendarmes et des soldats.*

« *J'espère que le Congrès tiendra compte de l'oubli* « *que nous avons fait hier, en faisant participer les gré-* « *vistes d'Elme aux collectes qui se feront. Il y a là 300* « *familles qui demandent du pain. — Nous devons faire* « *notre devoir,* »

Etes-vous d'avis de vous fier à la commission d'orga- nisation de la Bourse du Travail de Toulon pour faire le partage entre les grévistes ?

VOIX NOMBREUSES. — Oui ! oui !

LE PRÉSIDENT. — Je mets le vœu aux voix.

(Adopté).

J'ai également reçu des mêmes camarades *Oms* et *Jannot* le vœu suivant :

« *Les délégués de Cette demandent au Congrès le pri-* « *vilège pour que le Congrès, alors National, ait lieu* « *dans notre ville qui, par sa situation géographique et* « *les travaux rudimentaires qui s'y font fournissent de* « *nombreux sinistrés.*

« *J'espère que le Congrès réuni à Toulon accordera* « *cette faveur à la ville de Cette.* »

Personne ne demande la parole ?

DORIA. — Je demande la parole.

LE PRÉSIDENT. — La parole est au camarade *Doria*.

DORIA. — Avant de mettre aux voix cette proposition,

il faudrait que le Congrès votât le principe du *Congrès National* et qu'il fixât la date de ce Congrès pour l'année prochaine, à la même époque.

LE PRÉSIDENT. — Le Congrès est-il de cet avis ?

OUS (de Cette) :

Le Syndicat des Dockers de Cette m'a prié de remercier le Congrès de Toulon et de demander que le Congrès que ma ville a l'intention d'offrir l'année prochaine soit *National*. Nous espérons faire à Cette tout notre devoir et du bon travail, comme on l'a fait, d'ailleurs, à Toulon.

LE PRÉSIDENT. — Camarades, je mets le principe du *Congrès National* aux voix.

(Adopté).

Ainsi que l'ordre du jour présenté par nos camarades de Cette.

(Adopté).

LE PRÉSIDENT. — J'ai reçu du camarade Noguès (de Marseille) le vœu suivant :

« *Le Congrès émet le vœu que dans chaque ville il* « *soit nommé une Commission mixte de patrons, ou-* « *vriers syndiqués et docteurs.* »

Signé : *Noguès*, du Syndicat des peintres de Marseille.

Je le mets aux voix. (Adopté.

La parole est au camarade *Champagne*.

CHAMPAGNE (Syndicat des Cordonniers). — Camarades, l'ordre du jour de notre Congrès étant terminé, permettez-moi, en mon nom personnel et au nom du Syndicat des ouvriers cordonniers de Toulon, de vous donner mon appréciation.

Notre corporation, comme tant d'autres, n'était pas comprise dans la loi du 9 avril sur les accidents du Travail. Nous avons obtenu satisfaction ici au Congrès, puisque nous avons décidé que dans les accidents du Travail seraient compris les ouvriers et les salariés des deux sexes, sans distinction de profession.

Néanmoins je tiens à vous faire connaître les quelques cas qui peuvent être considérés comme accidents du travail. Les voici : coupure, piqûre d'alène, éclat de verre. Ensuite aux ouvriers d'équipements militaires, obligés, pour gagner une journée à peu près raisonna-

S

ble, de faire 16 fortes coutures par jour, travail très pénible, il vient très souvent au creux de la main, une ampoule forcée, entraînant une incapacité de travail pour quelques semaines. Je ne parle pas de ceux qui travaillent dans des ateliers froids, exposés aux courants d'air.

Par conséquent, tout a été compris par les congressistes. Notre Congrès régional, qui est le premier qui se tient depuis la promulgation de la loi, pour en demander des modifications, aura, je l'espère, une grande répercussion parmi le prolétariat français.

Je suis très heureux d'avoir assisté à ce Congrès, ayant été moi-même victime d'un accident de travail très grave, avant l'élaboration de cette loi.

C'était en 1879, j'avais douze ans. Je dus être amputé de la jambe; je suis resté 6 mois à l'hôpital et deux ans après ma sortie, je marchais encore avec des béquilles. C'est vous dire que lorsqu'un accident arrive à une famille de travailleurs, c'est la ruine ou la misère pour longtemps.

J'ose espérer que lorsque l'écho de notre Congrès sera parvenu à toutes les organisations ouvrières de France, d'autres Congrès auront lieu et que les travailleurs organisés, par une propagande continuelle, demanderont la revision de la loi sur les accidents dans le sens par nous indiqué.

Puisque nous ne devons pas faire de la politique, nous avons une autre propagande à faire à côté des Syndicats. Lorsque nos législateurs confectionnent des lois, elles sont toujours incomplètes : on ne s'en aperçoit que lorsqu'elles sont mises en pratique. Eh bien ! lorsqu'ils viendront devant nous, nous demander à nouveau nos suffrages, nous leur imposerons d'insérer dans leurs programmes l'obligation d'en demander les modifications favorables à tous et pour toutes les corporations.

J'ose espérer que la loi, ayant été reconnue incomplète par nous autres intéressés, nos députés mettront moins de temps pour la reviser qu'ils en ont mis pour l'élaborer.

Ceci dit, en mon nom personnel et au nom du Syndicat que j'ai l'honneur de représenter ici.

(Vifs applaudissements).

Le Président. — La parole est au camarade *Allier*.

Allier (de Marseille). — Comme je l'ai dit dans la

séance d'hier, j'ai écrit à maître *Bédarride*. Le camarade *Doria* nous a déclaré qu'il avait le droit de défendre les intéressés. J'ai été, je le répète, moi-même
récusé par l'avocat de la partie adverse comme étant
incompétent.

Maître *Bédarride* ne m'a pas répondu. Je le regrette
bien vivement. Mais je désirerais savoir à quoi m'en
tenir, je voudrais être fixé d'une façon définitive.

Camarades, je m'excuse de mon insistance et je ne
doute pas de la parole du camarade *Doria* pas plus,
d'ailleurs, que de celle de tout le monde ici présent.

Me permettez-vous de citer encore un cas ?

J'ai demandé au Ministre ceci : un contre-maître par-
ticipant dans les bénéfices a-t-il le droit de servir de
témoin pour un patron ?

Voici la réponse du ministre : Le contre-maître peut
servir de témoin, mais c'est au juge à prendre la déposition de ce dernier pour ce qu'elle vaut.

Doria (Rapporteur de la Commission d'organisation). — La question est intéressante, mes chers camarades, et peut avoir une redite.

Je vous ai lu hier la circulaire du garde des sceaux.
(voir page 56).

Je soutiens de toutes mes forces que c'est votre droit
absolu. J'aurais pu vous fournir des pièces à l'appui
de ma thèse, si tous mes nombreux dossiers ne figu-
raient pas à l'Exposition internationale de Saint-Louis.
J'aurai pu vous faire voir les lettres du ministre du
Commerce qui sont absolument contraires à celle que
vous avez reçue.

Les agents d'affaires sont acceptés, dites-vous ?

Que sont-ils de plus que vous, les agents d'affaires ?
Que sont-ils de plus que moi, que tous les ouvriers ?

Du moment qu'on les accepte, on ne doit pas vous
refuser.

Allier (de Marseille). — Je ne sais pas pourquoi Me
Bédarride ne m'a pas répondu. Je demande que vous
m'autorisiez vendredi prochain, en rentrant chez moi,
à dire que la Bourse du Travail de Toulon a défendu
les intéressés.

Je me déclare satisfait des déclarations de notre camarade *Doria*, mais je souhaite à tous les camarades
du Congrès que les inconvénients qui me sont arrivés
ne leur arrivent pas.

Delavet. — Je demande que le Conseil d'administration de Toulon envoie le camarade *Doria* à Marseille pour prendre l'affaire en mains.

Marin (Fédération des Mineurs de Gardanne). — Dans l'organisation que je représente j'assiste moi-même tous mes camarades et je les défends de mon mieux. Est-ce que le camarade Allier n'aurait pas assisté son camarade comme *président du Syndicat ?* Dans ce cas, comme la loi ne l'a pas prévu, peut-être est-ce là la cause de votre refus ?

Allier (de Marseille). — Je ne suis pas allé défendre mon camarade comme président du Syndicat, mais bien en mon nom personnel.

Ginat (Abattoirs de Toulon). — Si on a induit en erreur le camarade *Allier*, je demande un vote de blâme pour la partie qui en est la cause.

Doria (Rapporteur de la Commission d'organisation). — Mon cher camarade, vous n'avez, je le répète, qu'à soumettre votre cas à la Bourse du Travail de Marseille. Si cette dernière a besoin de renseignements je me ferai un plaisir de les lui donner.

Lingueglia (Constantine). — Je prierai les Congressistes de voter l'envoi de notre camarade *Doria* à Marseille.

Granger (Syndicat des Employés municipaux). — Je me rallie à cette proposition.

Allier (de Marseille). — Moi de même; cela aura une grande influence.

Le Président. — Camarades, à vous de décider sur cette proposition. Ceux qui sont de cet avis veuillez le manifester par un lever de mains.

(Adopté).

Mon cher camarade *Doria*, le Congrès est unanime à vous envoyer à Marseille. L'acceptez-vous ?

Doria. — J'accepte.

Le Président. — J'ai reçu du camarade *Jannot*, de Cette, la proposition suivante :

« *Je demande aux Congressistes qu'en rentrant chez* « *eux ils réunissent leurs syndicats et soumettent le* « *travail que nous avons fait et en fassent un système* « *d'action directe mouvementée pour forcer le parle-* « *ment à apporter les modifications que nous venons* « *de faire à la loi de 1898. C'est le seul moyen que*

« *nous possédons pour modifier la loi et c'est celui*
« *que nous devons employer.* »

.   Signé : C. JANNOT. »

Personne ne demande la parole contre cette proposition ? Je la mets aux voix. (Adopté).

OMS (de Cette). — Si notre camarade *Doria* réussit à Marseille, je demande que le résultat de cette affaire soit inscrit dans la brochure du Congrès.

VOIX NOMBREUSES. — C'est cela ! c'est cela ! oui ! oui !

LE PRÉSIDENT. — J'ai reçu du camarade *Maury* la protestation suivante :

« *La Bourse du Travail de Narbonne proteste contre*
« *les jugements des cours d'appel, concernant les cas*
« *d'accidents de travail chez les marchands de vin en*
« *gros, alors que la juridiction de la cour de cassation*
« *avait, au préalable, jugé que les marchands de vin*
« *en gros étaient justiciables de la loi de 1898.* »

Ceux qui sont d'avis de faire figurer cette motion au procès-verbal veuillez le manifester par un lever de mains. (Adopté).

DELAVET (de Toulon). — Je demande que les Congressistes votent tous une invitation au gouvernement à seule fin d'activer le règlement des heures de travail avec le minimum de salaire.

LE PRÉSIDENT. — Je mets le vœu aux voix. (Adopté).

LE PRÉSIDENT. — J'ai reçu des camarades *Tourre* (Avignon), *Aubet* (La Garde), *Bonnet* (Toulon), la proposition suivante :

« *Nous proposons que les machines-outils telles que*
« *toupies ou scies circulaires ne soient pas conduites*
« *par des enfants au-dessous de 18 ans.* »

Personne ne demande la parole contre cette proposition ? Je la mets aux voix. (Adopté).

J'ai reçu le vœu suivant :

« *Le Congrès émet le vœu que les inspecteurs du tra-*
« *vail mettent plus de vigilance dans leurs attributions*
« *surtout en ce qui concerne les abus, commis par les*
« *patrons, industriels, commerçants dans le travail des*
« *femmes et des enfants. Régie directe :* ANTONELLI. »

Signé : MARROU, typographe.

Personne ne demande la parole contre ce vœu ? Je le mets aux voix. (Adopté).

LE PRÉSIDENT. — Camarades, avant de clôturer les travaux du Congrès, je suis certain d'être l'interprète de tous les camarades délégués à Toulon en remerciant très vivement la Commission d'organisation de la façon tout à fait cordiale dont les délégués ont été reçus et aussi et surtout pour le travail qu'elle a préparé.

Grâce à elle nous avons pu faire un travail qui sera fécond en résultats.

A nous tous maintenant de faire de l'agitation de façon à forcer le gouvernement à nous accorder satisfaction.

Camarades, je déclare clos le premier Congrès pour les accidents du travail et je donne rendez-vous pour l'année prochaine au Congrès national de Cette. (Vifs applaudissements).

La séance est levée à 11 h. 1/2.

Sténographié par M. Frédéric RODIGLIO,
membre praticien
de l'Institut sténographique de France.

Modifications à apporter à la Loi du 9 avril 1898

MODIFIÉE PAR LA LOI DU 22 MARS 1902

——————

VŒUX PROPOSÉS PAR LA COMMISSION D'ORGANISATION DU CONGRÈS.

Article premier. — Le modifier de façon à faire rentrer sans restriction tous les travailleurs des deux sexes, sous le bénéfice de la loi du 9 avril 1898. Les quatre premiers jours de l'accident doivent être payés.

Supprimer le 2e paragraphe de l'article premier.

Art. 2, § 1er. — Ajouter sauf le cas où, soit par ignorance ou pour excès de confiance dans les personnes chargées par l'ouvrier de suivre son affaire, la victime ou ses représentants auraient laissé prescrire ses droits.

Supprimer le 2e paragraphe de l'art. 2.

Art. 3. — Le modifier de façon que les rentes soient égales à la réduction du salaire subie par la victime.

Tant que la blessure ne sera pas consolidée, la victime doit recevoir son salaire journalier complet et dans des conditions normales des habitudes des ateliers ou chantiers où la victime s'est blessée.

SUPPRESSIONS ET MODIFICATIONS PAR LE CONGRÈS.

Article premier. — Le modifier de façon à faire rentrer sans restriction tous les ouvriers et employés salariés des deux sexes, sous le bénéfice de la loi du 9 avril 1898. Les quatre premiers jours de l'accident doivent être payés.

Adopté.

Adopté.

Adopté.

Adopté.

ABUS A SUPPRIMER

DIFFÉRENCE DE PROCÉDER DANS LES JUSTICES DE PAIX

Il arrive très souvent que dans un canton toutes les pièces sont transcrites à l'enquête, tandis que dans l'autre canton on ne trouve que la déclaration de l'ouvrier et celle de la victime. Les greffiers devraient à l'avenir transcrire sur l'enquête tous les certificats, pièces, mémoires, expertises médicales et autres, etc.

Adopté.

TÉMOINS ET VICTIMES NON COMPARANTS

Le juge de paix devra s'enquérir de leur nouvelle adresse, s'ils ont changé de domicile et les faire entendre par délégation ou ordonnance dans le lieu de leur nouvelle résidence ou à l'hôpital si la victime ne peut se transporter auprès du magistrat.

Adopté.

RÉDUCTION DU SALAIRE

Le juge de paix devrait toujours consigner à l'enquête si l'incapacité est partielle ou permanente, il consultera la victime à cet effet.

RÉDUCTION DU SALAIRE

Le juge de paix *devra* toujours consigner à l'enquête si l'incapacité est partielle ou permanente, il consultera la victime à cet effet.

DIVERGENCE ENTRE L'ENQUÊTE ET LE CERTIFICAT MÉDICAL

Pour y parer, le juge devra transcrire en entier les certificats médicaux par ordre de date.

Adopté.

COMMUNICATION DU DOSSIER	COMMUNICATION DU DOSSIER
L'enquête devra être communiquée à l'avoué dans le plus bref délai et ce dernier devra faire toute diligence pour faire enrôler l'affaire et la remettre ensuite à l'avocat de l'ouvrier.	L'enquête devra être communiquée à l'avoué dans le délai de *quinze jours en attendant que le système de jurisprudence soit changé*, et ce dernier devra faire toute diligence pour faire enrôler l'affaire et la remettre ensuite à l'avocat de l'ouvrier.
Les médecins de l'armée et de la marine ne pourront être désignés pour procéder à des expertises médicales.	Les médecins de l'armée et de la marine ne pourront être désignés pour procéder à des expertises médicales *ayant trait aux accidents du travail. Toutefois, si les appareils nécessaires manquaient au médecin civil, ce dernier pourra faire son expertise dans la Faculté voisine du lieu.*
ENRÔLEMENT DES AFFAIRES	**ENRÔLEMENT DES AFFAIRES**
Les avoués devront faire enrôler les affaires dans un plus bref délai et veiller qu'elles soient plaidées à leur tour.	Les avoués devront faire enrôler les affaires dans le plus bref délai et *exiger* qu'elles soient plaidées à leur tour.
NOTIFICATION DE PIÈCES D'AVOUÉ A AVOUÉ	**NOTIFICATION DE PIÈCES D'AVOUÉ A AVOUÉ**
Elles devront être faites à bref délai.	Elles devront être faites *dans un délai de quinze jours.*
APPEL	**APPEL**
L'avoué de première instance devra faire diligence pour la transmission à l'avoué d'appel.	L'avoué de première instance devra faire diligence pour la transmission à l'avoué d'appel *dans le délai d'un mois.*

PREMIÈRE INSTANCE ET APPEL

L'avoué devra toujours transmettre le dossier à l'avocat.

Si le procès est perdu par l'ouvrier ou si la rente n'est pas jugée par lui suffisante, l'avoué devra lui rédiger la demande d'assistance judiciaire pour l'appel.

Pour ces deux juridictions, les jugements devront toujours être communiqués aux intéressés dans le plus bref délai.

Adopté.

RÉVISION DE LA RENTE

Le dossier doit toujours être remis à la victime par l'avoué en vue de la revision possible de la rente dans le délai de trois ans.

Adopté.

DÉCLARATION A LA MAIRIE

La déclaration à la Mairie devra être remplie par l'employé municipal lorsque l'ouvrier ne sait pas écrire ou ne le peut pas.

DÉCLARATION A LA MAIRIE

La déclaration à la Mairie devra être remplie par l'employé municipal, *qui devra, d'après une loi formelle donner tous renseignements nécessaires à tous les ouvriers vis-à-vis de la dite loi.*

CERTIFICAT MÉDICAL

Le certificat ne devra jamais être délivré par le médecin de l'assurance.

L'imprimé de déclaration de la Mairie devrait porter la mention suivante :

« La victime est libre de prendre un médecin de son choix pour l'établissement du certificat médical comme pour les soins que nécessite la suite de l'accident.

CERTIFICAT MÉDICAL

Le certificat ne *devra* jamais être délivré par le médecin de l'assurance.

Adopté.

PAIEMENT DES TROIS ANNUITÉS

Les avocats, avoués et huissiers ne devront jamais circonvenir les victimes de nationalité étrangère pour les leur faire accepter.

Adopté.

PROVISIONS

Que les tribunaux devant lesquels se trouve l'affaire accordent des provisions quand l'accident n'est pas contesté.

PROVISIONS

Adopté.

Que les provisions soient fixées au minimum du demi-salaire gagné par le sinistré.

MÉDECINS EXPERTS

Ils devront être avisés assez à temps pour qu'ils procèdent à l'expertise dans les huit jours qui suivent la nomination.

MÉDECINS EXPERTS

Ils devront être avisés 48 heures après leur nomination pour qu'ils procèdent à l'expertise dans le mois qui suit leur nomination.

CERTIFICATS

Les avocats devront user des derniers certificats dans l'intérêt de la victime.

Adopté.

INCOMPÉTENCE

L'incompétence devra être vidée séance tenante et sans renvoi ou tout au moins dans la plus prochaine audience.

Adopté.

ASSISTANCE JUDICIAIRE POUR L'APPEL

Qu'elle soit étendue de plein droit et sans que l'ouvrier en fasse la demande.

ASSISTANCE JUDICIAIRE POUR L'APPEL

Adopté.

Suppression du paragraphe deux de l'article vingt du titre trois de la loi du 9 avril 1898.

Le Rapporteur général,

Marius DORIA.

LE BANQUET

—»⁚— ✿ —⁚«—

A 8 heures du soir, un banquet de 100 couverts réu-
nissait les congressistes, ainsi que les invités, dans un
des salons du café du Commerce.

A la table d'honneur, on remarquait aux côtés du citoyen Lingueglia, qui présidait le banquet, les citoyens
Doria, secrétaire de la Bourse du Travail ; Micholet,
maire de Toulon; Escartefigue, conseiller général; Co-
reil, conseiller général; Abord, procureur de la République; Aubert, président du Tribunal de Commerce ;
Auzières, substitut; Bachelay, conseiller des prud'hommes; Maure, secrétaire du Sous-Préfet, remplaçant M.
Poux-Laville, excusé ; Codur et Gilette, conseillers d'arrondissement; Michel, conseiller général; les docteurs
Daspres, Bertholet, Gueit; Simon, Brieugne, Gensollen,
avocats, etc., etc.

Au dessert, plusieurs discours ont été prononcés. Le
citoyen Lingueglia, président, s'exprime en ces termes:

DISCOURS DU CITOYEN LINGUEGLIA
Vice-Président de la Commission d'organisation

—— · ——

Messieurs et chers Camarades,

Permettez-moi de vous remercier, au nom de la Commission du Congrès, de la marque de sympathie que vous avez
donnée à l'Union des Chambres Syndicales de Toulon, en
acceptant l'invitation que nous vous avons adressée.

Je remercie particulièrement l'assemblée départementale
et le Conseil municipal de Toulon, qui nous ont facilité notre
tâche en nous subventionnant.

Votre présence parmi nous, Messieurs, nous est un sûr
garant que vous appuierez nos légitimes revendications concernant les accidents du travail et la création, à Toulon,
d'une deuxième Chambre au Tribunal civil. ·

Et vous, Camarades Congressistes, qui êtes venus colla-
borer à nos travaux, nous comptons que vous développerez
dans vos organisations respectives, les questions que nous
avons étudiées en commun et qu'avec votre concours unanime, nous arriverons, à bref délai, à obtenir satisfaction sur
tous les points qui font l'objet de nos revendications dans l'ordre social.

A vous tous, merci !

DISCOURS DU MAIRE

Messieurs,

Je vous remercie de m'avoir convié à ce Banquet donné
à l'occasion du Congrès qu'on peut considérer comme une
fête du travail, comme de véritables assises pacifiques.

La Municipalité toulonnaise que j'ai l'honneur de présider
s'est associée volontiers à votre œuvre par le vote d'un sub-
side destiné à vous venir en aide car elle a pensé que cette
fête du travail était en même temps une fête civique et sociale, confirmant l'ascension continuelle des travailleurs par
l'intelligence et par la volonté.

Il y avait dans notre organisation sociale une formidable
lacune : le travailleur s'y trouvait seul, isolé, sans moyen
de concert, ni de défense.

La loi de 1884 sur les Syndicats professionnels est venue
combler cette lacune : cette loi date, pour ainsi dire, d'hier
et déjà les Syndicats ont pu en obtenir de notables avantages.

La solution de la question sociale est dans l'association
libre, dans la coopération ; c'est là une vérité dont la cons-
tatation se fait de jour en jour. C'est par elles, par leur influence continue, que l'on peut arriver à obtenir des salaires
plus hauts, des journées de besogne plus courtes, fonder des
caisses contre le chômage, la maladie, les accidents et pour
assurer le repos de la vieillesse, aboutir enfin à des lois pro-
tectrices dans les questions ouvrières.

Les travailleurs qui ne connaissent pas le maniement de
cette arme puissante de l'association syndicale pourraient,
par erreur, s'en faire un instrument de lutte sociale mais ils
ne tarderaient pas à en voir tous les graves inconvénients :
à mesure qu'ils sauront s'en servir ils constateront qu'ils ont
là le meilleur moyen d'améliorer leur situation, leurs conditions de travail, de conjurer la misère et les fatalités du sort,
de rehausser leurs destinées. Tout cela est renfermé dans le
principe d'association.

L'initiative syndicale constitue le grand moteur de la civi-
lisation et du progrès, elle peut arriver à la concentration non

seulement républicaine mais encore nationale, quelles que soient l'importance et l'ampleur de cette œuvre et'e n'est qu'à son commencement, toutefois l'initiative syndicale aura, devant l'histoire, le mérite d'avoir jeté les fondements de l'organisation nouvelle du travail.

C'est le but à atteindre par l'unité de pensée et d'action, par l'union des institutions syndicales communiquant ainsi les unes avec les autres de façon à permettre au travail de monter, à s'ennoblir. Il y a élévation morale dans la coopération.

Dans le mouvement socialiste qui passionne tous les penseurs, il faut prendre le bon, c'est-à-dire le respect du travail, de l'effort commun, de la solidarité, l'ardent amour d'un haut idéal de justice sociale et repousser le mauvais, c'est-à-dire la violence, l'illégalité, la discorde.

Si à certaine époque, l'on s'était avisé de dire que des Fédérations Syndicales pourraient un jour se former ; qu'elles obéiraient au sentiment élevé de la prévoyance et de la solidarité ; que leur action ne ferait que grandir, surtout si elles savent s'assigner à elles-mêmes et suivre des règles sages, pratiques, prudentes, afin d'apporter à leur direction la plus grande justesse de vue, l'on n'eût point manqué de parler de chimère. Or cette prétendue chimère est devenue une vivante réalité et cet admirable mouvement est tout à l'honneur de notre époque.

Ceux qui jugeront plus tard cette époque dans l'esprit d'impartialité que le temps apporte avec lui seront frappés de tant d'événements parfois contradictoires, de tant d'élans auxquels succèdent aussi des reculs, de tant d'efforts contrariés de même ou demeurés par instants stériles.

Ils n'en seront pas surpris s'il considèrent que nos institutions républicaines sont encore loin d'être un dénouement final mais plutôt le point de départ, le début d'une transformation profonde et totale. Il reste à l'avenir la redoutable tâche de trouver la forme définitive à donner aux règles sociales et s'il y a des hésitations, des imperfections il ne faut en accuser personne en voyant surtout l'énormité de l'ouvrage.

Tout amélioration sociale ne peut être que le résultat d'un effort plus intense, comme le devoir social est de reconnaître de rendre plus fécond le prêt quotidien, fait par l'homme à la société, de son intelligence, de ses aptitudes, de son art, en un mot, de son travail.

Messieurs,

Elever lés esprits, fortifier les volontés, exhausser les cœurs telle est la mission à laquelle il importe de vous consacrer : le progrès est toujours dû au travail, au travail utile, productif, soit dans l'ordre intellectuel, soit dans l'ordre matériel.

Je lève mon verre à la prospérité, à l'extension de vos Syndicats ; je bois à la République victorieuse par l'amour des citoyens entr'eux, victorieuse par la juste organisation des travailleurs, victorieuse par le génie des penseurs, victorieuse par sa propre sagesse.

DISCOURS DE M. ABORD
Procureur de la République

Monsieur le Président,
Messieurs,

C'est pour moi devoir et plaisir de vous remercier de votre aimable invitation.

Votre si dévoué Secrétaire général, avec lequel je me trouve plus spécialement en relations, sait en effet, l'intérêt avec lequel je suis les affaires d'accidents du travail qui sont déférées au tribunal ; il sait mes efforts et ceux de tous mes collègues pour que ces procès reçoivent une prompte solution ; mais il sait aussi que les circonstances sont, trop souvent hélas ! plus fortes que notre volonté.

En toute matière, pour être vraiment bonne et efficace, la justice doit être rapide; mais c'est surtout lorsqu'il s'agit de ces procès qui intéressent les plus pauvres, les plus humbles, les malheureuses victimes du risque professionnel que les lenteurs de la procédure sont particulièrement préjudiciables.

La création d'une seconde chambre dont vous avez pris l'initiative et à laquelle vous venez de faire allusion nous permettrait de réaliser votre idéal qui est aussi le nôtre et d'assurer à vos protégés une justice toujours égale, mais plus expéditive.

Encore une fois merci à vous et à vos collègues de la Commission d'organisation du Congrès.

Et avec vous, je bois à la réalisation de votre projet.

DISCOURS DE M. ESCARTEFIGUE
Conseiller Général

Messieurs et chers amis,

Je suis heureux, en ma qualité de membre de l'Assemblée départementale d'avoir à m'associer aux mots de remerciements qui, tout à l'heure, ont été adressés aux organisateurs de ce banquet.

Certes, l'Assemblée départementale fait son devoir en donnant son aide tout entier à la Bourse du Travail, aux associations ouvrières.

Le budget de cette assemblée est de ceux qui doivent prévenir des dépenses nombreuses et ses ressources sont plus que modestes, car la plus grande partie des impôts passent à l'Etat et aux communes.

Malgré cela, le Conseil général a prouvé qu'il avait pour les institutions ouvrières le plus grand attachement : la Bourse du Travail de Toulon s'est vue allouer une subvention de quelques cents francs, puis cette subvention s'est élevée jusqu'à plusieurs milliers de francs.

L'Assemblée départementale a prouvé par là son dévouement aux organisations ouvrières. (*Applaudissements*).

C'est que, Messieurs, il n'est pas un républicain digne de ce nom qui ne considère que la véritable force intellectuelle d'un peuple est dans la moralité du plus grand nombre de ses représentants, c'est-à-dire de la classe ouvrière.

Il est aisé à des gens qui naissent riches, n'ayant qu'à se laisser vivre, il est aisé à ceux-là de se meubler et le cœur et l'esprit. Il est au contraire très difficile à celui qui, du berceau à la mort, voit les mille souffrances qui entourent son existence, il est difficile à celui-là d'être bon, juste et généreux. (*Applaudissements*).

Sans doute, nous nous laissons guider par une étoile. Cette étoile est souvent haut placée et ceux qui ont confiance en elle, sont appelés des utopistes, des rêveurs, selon les haines du moment, selon les préjugés : ce sont les socialistes, ce sont les collectivistes. (*Applaudissements*). Mais ils sont l'avenir, parce qu'ils savent que l'humanité progresse en même temps que progressent et le cœur et le cerveau. Et alors lorsque dans des occasions comme celle de ce soir, ils s'aperçoivent que le rêve de 20 ans est devenu réalité, il semble qu'ils ont le droit d'espérer et ils sentent que leur idéal est réalisable.

Rendre les hommes meilleurs, faire cesser les guerres de nation à nation, de collectivité à collectivité, d'individu à individu, c'est assurer le bonheur à tous. (*Vifs applaudissements*).

Voilà pourquoi nous nous réjouissons d'apporter notre hommage à ces associations ouvrières, qui, bravant les critiques, les médisances font la puissance de la République. Cette République qui aurait donné au travailleur tout ce qu'il attend d'elle si l'on n'avait pas entouré sa jeune existence d'attaques de toutes sortes, tantôt hardies et violentes, tantôt cachées et dissimulées sous les expressions les plus doucereuses. (*Applaudissements*).

Voilà pourquoi la République a cette affirmation de dire qu'elle est le lien cordial de tous les hommes qui pensent, qu'elle entrevoit un idéal triomphateur de tous les préjugés et que les ouvriers et les patrons se fondront en une même étreinte dont l'initiative proviendra de chacun.

Citoyens, buvons aux associations fraternelles qui rapprochent les hommes, les font s'aimer et aller d'une allure brillante à la conquête du bonheur pour tous. (*Bravos et Applaudissements répétés*).

DISCOURS DE Me SIMON
Avocat

Messieurs,

Ceux d'entre vous qui me connaissent me rendront cette justice que je ne parle pas volontiers et que je ne parle pas souvent.

Il me semble, cependant, qu'il y a ce soir quelque chose à dire, qui n'a pas été dit — une note particulière à faire entendre.

Je réponds donc de tout cœur à l'invite dont je suis l'objet et je m'exécute bien volontiers.

Vous avez, messieurs, en vous occupant des réformes, des améliorations à apporter à la loi sur les accidents du travail, porté la main sur le point culminant du droit de l'ouvrier, du droit du travail !

Ce sera l'honneur de la Bourse du Travail de Toulon d'avoir créé ce mouvement qui a abouti à votre Congrès. Modeste cette année, et simplement régional, le Congrès dont vous venez de tenir les assises sera national l'an prochain à Cette !

Il nous est permis, d'ores et déjà, de saluer les travaux de ce prochain Congrès, d'où devra sortir la loi de demain, donnant satisfaction à vos « desiderata ».

Ce que je voudrais dire ce soir, ce que je voudrais exprimer, c'est la reconnaissance du parti socialiste, du prolétariat, pour les précurseurs de la loi de 1898.

Il n'y a pas d'ingratitude dans notre parti !

C'est quand l'œuvre est accomplie qu'il convient de ne point oublier l'ouvrier de la première heure ! Saluons, si vous le voulez bien, la mémoire de ce fervent démocrate, de ce vétéran de l'extrême gauche, de Martin Nadaud !

La loi de 1898 est l'aboutissant de projets, de contre-projets, d'amendements qui se sont succédé près de 20 ans ! En 1880, Martin Nadaud, le premier, déposait le projet de loi qui devait aboutir à la loi de 1898 ! Envoyons-lui notre souvenir ému et reconnaissant ! (Applaudissements).

Il est aussi une autre dette de reconnaissance qu'il nous faut acquitter.

Le caractère essentiel de la loi de 1898, c'est d'avoir introduit dans la législation le principe du risque professionnel !

A l'époque, pas d'indemnité pour l'ouvrier, sans faute du patron ! Les articles 1382 et suivants servaient de base à l'action de la victime de l'accident ! Le cas fortuit constituait le risque cruel et terrible où venaient échouer tant de misères, tant d'infortunes !

Il appartenait à des hommes qui sont l'honneur même de notre justice française, à la Cour de cassation, de devancer, en quelque sorte, l'œuvre du législateur et de préparer par sa jurisprudence le monde du travail à la grande réforme qui devait suivre.

Par son arrêt de 1896, deux ans avant la loi, la Cour de cassation faisait fléchir la règle rigoureuse de la faute nécessaire pour l'ouverture de l'indemnité ; le risque professionnel allait être le fondement de la loi de demain : il était virtuellement reconnu par la jurisprudence de la Cour Suprême !

Il est bon, dans nos milieux, dans des réunions comme celle-ci, de rendre hommage à l'esprit généreux et large de ces hauts magistrats qui, dans un autre ordre d'idée, devaient trois ans plus tard montrer à tout le monde civilisé que ce pays était encore celui de la Justice et du Droit !

Et puisque j'ai parlé de l'œuvre de la magistrature et du concours qu'elle vous a prêté, descendons des sommets de la Cour de cassation pour considérer ces magistrats de nos arrondissements, auxquels est confiée la mise en œuvre de la loi de 1898.

Votre secrétaire-général, mon ami Doria, leur rendait hommage tout à l'heure ! Il avait raison ! Comme vous, comme nous, ces hommes sont attelés à la même besogne d'affranchissement social et de solidarité !

Ne songeons pas à eux quand nous parlerons de « luttes de classe » ! De plus en plus, ils sont des nôtres par leur tendance et leurs sentiments.

Nous pouvons enfin voir des magistrats républicains ! nous en verrons de plus en plus.

Ceux qui sont ici, ce soir, nous permettront de les saluer comme de bons serviteurs de la démocratie !

Que le mot ne les effarouche point !

On sert la République en étant juste, en étant bienveillant pour les humbles et les petits !

Multiplions les soirées comme celle-ci.

Au contact, on se connaît, on s'apprécie, on s'aime ! On se sent ainsi soutenu et plus fort pour les luttes nécessaires !

Je bois à la République sociale, celle de la justice et de la bonté !

J'ai la conviction profonde que tous, ici, nous sommes en communauté de sentiments.

Vive la République sociale !

(Applaudissements.)

DISCOURS DE M. AUBERT
Président du Tribunal de Commerce

Messieurs,

A l'invite de votre président, je ne puis faire différemment que de prendre la parole.

Je vous remercie, messieurs, d'avoir bien voulu inviter le Président du Tribunal de Commerce.

On a souvent dit, écrit surtout, que le patronat et le prolétariat ne marchaient pas d'accord.

Eh bien, vous venez, en nous invitant ce soir, de donner la preuve que nous pouvons marcher et que nous marchons la main dans la main.

J'ai le plaisir de vivre avec les ouvriers, je passe ma vie avec eux, je suis ce qu'ils sont, je pense comme eux ; je suis toujours heureux. C'est même un grand plaisir pour moi que de pouvoir leur donner de bons conseils quand je le peux et, ce qui me rend le plus heureux, c'est de voir l'affection dont ils m'entourent. Vous direz que je me taxe d'exagération, mais que voulez-vous, je ne puis pas résister au plaisir de le dire.

Il avait raison, notre ami M. Simon, quand tout à l'heure, il disait que le socialisme ne devrait pas être une guerre de classes.

Chacun de nous que demande-t-il ? d'être heureux pour soi-même ; mais enfin il faut être heureux pour les autres aussi.

C'est à cela que les patrons, je vous l'assure, pensent souvent. Et c'est ainsi, en même temps que vous, on arrivera à cette émancipation que vous souhaitez tous, qui sera la vôtre et celle du petit patronat.

Je vous remercie encore une fois, Messieurs, et je bois à la prospérité des Chambres Syndicales de Toulon.

(Applaudissements)

DISCOURS DU CAMARADE MARROU
du Syndicat des Typographes de Marseille

Messieurs et Chers Camarades,

Les délégués au Congrès ont bien voulu m'inviter à parler en cette solennité.

Je ne vois pas ce que j'aurais à ajouter après les belles paroles qui viennent d'être prononcées. Mais j'ai à cœur de remercier la Commission d'organisation du Congrès et les membres de l'Organisation ouvrière de Toulon pour l'accueil si fraternel que nous avons reçu parmi eux.

Les Bourses du Travail verront-elles l'importance du Congrès qui vient de se tenir à Toulon ?

Je n'insisterai pas davantage ; mais ce que je tiens à faire ressortir c'est qu'au dehors de la question que nous avons traitée, les Congrès ouvriers ont une autre utilité. Ils permettent aux représentants des Syndicats ouvriers de mieux se connaître et par cette connaissance mutuelle d'augmenter la puissance qui nous lie en un seul faisceau. Plus nous serons unis, plus nous ferons pour obtenir la réalisation intégrale de nos revendications.

En venant à Toulon, presque tous les délégués ouvriers ont trouvé dans la Bourse du Travail de cette ville une organisation qui peut leur servir d'exemple. Je ne crois pas, en effet, que dans aucune Bourse du Travail de France il y ait un service aussi bien organisé.

Je suis certain d'être l'interprète de tous les Camarades du Congrès en félicitant les organisateurs ouvriers toulonnais, le Conseil d'Administration de la Bourse du Travail et aussi ce modeste et si sympathique collègue *Doria* qui, je crois, en est l'âme.

C'est une justice à lui rendre ; mes chers Camarades, j'ai cru être votre interprète en la lui rendant. (Approbation générale.)

Et nous avons si bien compris les services qu'il pouvait rendre que nous sommes prêts à vous le voler ; nous avons un de nos camarades qui l'emmène avec lui à Marseille pour défendre une affaire d'accident de travail. Quand je dis que nous vous le volons j'ai peut-être un peu exagéré — nous ne serions, d'ailleurs, pas de Marseille si nous n'exagérions pas un peu. (Rires.) Rassurez-vous ; nous vous le rendrons. Mais nous tâcherons d'obtenir, comme à Toulon, un service de contentieux.

Permettez-moi de boire à la Bourse de Travail et à l'affranchissement des travailleurs par les travailleurs eux-mêmes ! (Applaudissements.)

DISCOURS DE M. GILETTE
Conseiller d'Arrondissement

Messieurs,

Je ne m'attendais pas à prendre la parole, je l'avoue.

Au nom du Conseil d'arrondissement, je vous remercie d'avoir bien voulu nous associer à votre fête de ce soir.

Vous pouvez être certains que nous sommes avec vous de cœur. Malheureusement pour nous, nous n'avons pas, comme les Conseils généraux, à notre disposition des fonds à vous ouvrir, les Conseils d'arrondissement ne pouvant émettre que des vœux.

Mais depuis que nous avons l'honneur de siéger à cette assemblée, je crois que nous avons fait tout notre devoir en émettant des vœux en faveur de la classe ouvrière.

Nous sommes allés un peu plus loin, je ne dis pas cela parce que c'est moi qui l'ai proposé, mais enfin nous avions décidé au Conseil d'arrondissement d'aller soutenir au sein du Conseil général les vœux que nous avions émis.

Il était nécessaire de dire : ou nous sommes inutiles et qu'on nous supprime ou bien nous sommes bons à quelque chose. Nous sommes donc allés au Conseil général ; je dois le dire, nous y avons reçu un accueil des plus sympathiques, et ces messieurs ont été très heureux de nous entendre et d'étudier les vœux que nous avions émis. Nous avons, par conséquent fait au Conseil d'arrondissement tout ce que nous pouvions faire.

Vous pouvez compter sur nous. Si nous ne pouvons pas vous aider pécuniairement nous vous aiderons par le cœur. Soyez-en certains, notre cœur est avec vous. (Applaudissements.)

DISCOURS DU CITOYEN DORIA
Secrétaire Général de la Bourse du Travail de Toulon

Citoyens,

C'est la première fois que je me trouve dans une réunion comme celle de ce soir. Tout le monde est ici représenté ; les élus à quelque catégorie qu'ils appartiennent, les magistrats, la classe patronale et la classe ouvrière avec laquelle tout le monde doit compter.

Citoyens et Congressistes,

Vous êtes venus à Toulon ; vous avez répondu à notre appel . le Congrès régional des accidents du travail. qui est le premier, sera fécond en résultats, comme le disait tout à l'heure. notre ami Me Simon, puisqu'il sera national et qu'il aura lieu à la même époque à Cette.

Citoyens,

Pour établir les assises de ce Congrès, nous avons travaillé de longs mois. Nous avons, à Toulon, obtenu des succès en matière d'accidents parce que nous avons lutté les uns et les autres d'une manière grandiose et pacifique comme doivent le faire d'ailleurs tous les travailleurs. (Applaudissements.)

Si, à Toulon, nous avons nos entrées partout, au Parquet et ailleurs, c'est que comme représentant de la Bourse du Travail. nous nous en sommes montrés dignes et capables. (Applaudissements.)

Dès le début, ce fut dur et le Procureur de la République actuel n'était pas à Toulon ; M. Bujard, Procureur de l'époque, était un bon père de famille et un homme conciliant.

Nous avons tout d'abord traité avec lui ; et ce dernier, avec une bonté à laquelle je suis heureux de rendre hommage dans une occasion comme celle de ce soir, me disait :

« Secrétaire général, dites à vos camarades que mon cabinet est ouvert à toutes heures. Lorsque vous y viendrez faire des réclamations justes et loyales, je serai toujours avec vous. »

Camarades,

Nous avons pied partout. nous pouvons plaider au Tribunal de Commerce en matière de contrat de louage, c'est-à-dire pour les différends qui surgissent entre les patrons et les ouvriers et en Justice de Paix ; au Conseil des Prud'hommes.

Vous m'avez invité, Camarades de Marseille, à aller chez vous, pour plaider une affaire d'accident : je suis heureux de m'y rendre pour faire connaître là-bas comment les magistrats de Toulon nous reçoivent ici et pour leur dire que nos magistrats sont réellement des magistrats républicains. (Applaudissements.)

Vous avez pu voir, Congressistes. ce que nous faisons à Toulon. Imitez-nous. faites comme nous et vous arriverez à des résultats qui seront féconds pour l'avenir. (Applaudissements.)

DISCOURS DE M. Joseph ROBIGLIO
Rédacteur au Petit Provençal

Messieurs,

J'ai d'abord pour mission d'excuser l'absence du citoyen Charlois, conseiller général et maire de La Garde. Son état de santé l'empêche d'assister au banquet de ce soir, mais il m'a chargé de vous dire qu'il est de cœur avec vous.

Permettez-moi, maintenant, au nom de mes confrères, de vous remercier de l'invitation que vous avez adressée à la presse.

Messieurs,

Nous avons suivi les travaux de votre Congrès et nous avons pu constater par l'énergie que vous avez mis à défendre votre cause combien étaient graves les imperfections de la loi sur les accidents du travail. Ces imperfections disparaîtront, je l'espère, lorsque vous en aurez saisi les Pouvoirs Publics et vos représentants dans les deux Chambres.

Ce n'est pas seulement sur les modifications d'ordre juridique que le Congrès s'est prononcé ; c'est encore et c'est surtout sur les abus, dans la procédure.

N'allez pas croire que je veuille spécialement viser les huissiers.

Par des exemples personnels, je pourrais démontrer qu'ils n'ont que faire, en somme, de la loi de 1898, puisque les actes qu'ils signifient sont enregistrés en débit, et qu'ils évitent ainsi de faire de grosses avances au trésor. (Rires prolongés.)

Je veux faire allusion aux abus de toutes sortes qui, fatalement se produisent au moment de l'application d'une loi nouvelle.

Et là-dessus je crois pouvoir insister puisqu'il m'est permis de dire cela devant les membres du Parquet. (Nouveaux rires.)

C'est assez plaisanté. Je me bornerai donc à recommander, à mon tour, à Messieurs les Congressistes de faire, dans leurs syndicats respectifs de la bonne propagande et de créer, si c'est possible, dans toute la France, un mouvement autour de la loi de 1898, pour amener les Pouvoirs Publics à la modifier.

Nous avons deux grandes assemblées républicaines. Si les membres de ces assemblées vous refusent les satisfactions que vous attendez, vous serez alors en droit de leur dire à la face : Vous n'êtes pas des républicains !

(Applaudissements.)

LOI DU 9 AVRIL 1898

CONCERNANT

Les Responsabilités des Accidents dont les Ouvriers sont victimes dans leur travail

---

(Modifiée par la LOI du 22 MARS 1902)

TITRE PREMIER

Indemnités en cas d'Accidents

ARTICLE PREMIER. — Les accidents survenus par le fait du travail, ou à l'occasion du travail, aux ouvriers et employés occupés dans l'industrie du bâtiment, les usines, manufactures, chantiers, les entreprises de transport par terre et par eau, de chargement et de déchargement, les magasins publics, mines, minières, carrières et, en outre, dans toute exploitation ou partie d'exploitation dans laquelle sont fabriquées ou mises en œuvre des matières explosives, ou dans laquelle il est fait usage d'une machine mue par une force autre que celle de l'homme ou des animaux donnent droit, au profit de la victime ou de ses représentants, à une indemnité à la charge du chef d'entreprise, à la condition que l'interruption de travail ait duré plus de quatre jours.

Les ouvriers qui travaillent seuls d'ordinaire ne pourront être assujettis à la présente loi par le fait de la collaboration accidentelle d'un ou de plusieurs camarades.

ART. 2. — *Les ouvriers et employés désignés à l'article précédent ne peuvent se prévaloir, à raison des accidents dont ils sont victimes dans leur travail, d'aucunes dispositions autres que celles de la présente loi.*

Ceux dont le salaire annuel dépasse deux mille quatre cents francs (2.400 fr.) ne bénéficient de ces dispositions que jusqu'à concurrence de cette somme. Pour le surplus, ils n'ont droit qu'au quart des rentes stipulées à l'article 3, à moins de conventions contraires élevant le chiffre de la quotité. (Loi du 22 mars 1902).

ART. 3. — Dans les cas prévus à l'article 1er, l'ouvrier ou l'employé a droit :

Pour l'incapacité absolue et permanente, à une rente égale aux deux tiers de son salaire annuel ;

Pour l'incapacité partielle et permanente, à une rente égale à la moitié de la réduction que l'accident aura fait subir au salaire;

Pour l'incapacité temporaire, à une indemnité journalière égale à la moitié du salaire touché au moment de l'accident, si l'incapacité de travail a duré plus de quatre jours et à partir du cinquième jour.

Lorsque l'accident est suivi de mort, une pension est servie aux personnes ci-après désignées à partir du décès, dans les conditions suivantes :

A). Une rente viagère égale à 20 p. 100 du salaire annuel de la victime pour le conjoint survivant non divorcé ou séparé de corps, à la condition que le mariage ait été contracté antérieurement à l'accident.

En cas de nouveau mariage, le conjoint cesse d'avoir droit à la rente mentionnée ci-dessus, il lui sera alloué, dans ce cas, le triple de cette rente à titre d'indemnité totale.

B). Pour les enfants, légitimes ou naturels, reconnus avant l'accident, orphelins de père ou de mère, âgés de moins de seize ans, une rente calculée sur le salaire annuel de la victime à raison de 15 p. 100 de ce salaire s'il n'y a qu'un enfant, de 25 p. 100 s'il y en a deux, de 35 p. 100 s'il y en a trois et 40 p. 100 s'il y en a quatre ou un plus grand nombre.

Pour les enfants, orphelins de père et de mère, la rente est portée pour chacun d'eux à 20 p. 100 du salaire.

L'ensemble de ces rentes ne peut, dans le premier cas, dépasser 40 p. 100 du salaire ni 60 p. 100 dans le second.

C). Si la victime n'a ni conjoint ni enfants dans les termes des paragraphes A et B, chacun des ascendants et descendants qui étaient à sa charge recevra une rente viagère pour les ascendants et payable jusqu'à seize ans pour les descendants. Cette rente sera égale à 10 p. 100 du salaire annuel de la victime, sans que le montant total des rentes ainsi allouées puisse dépasser 30 p. 100.

Chacune des rentes prévues par le paragraphe C est, le cas échéant, réduite proportionnellement.

Les rentes constituées en vertu de la présente loi sont payables par trimestre; elles sont incessibles et insaisissables.

Les ouvriers étrangers, victimes d'accidents qui cesseront de résider sur le territoire français recevront, pour toute indemnité, un capital égal à trois fois la rente qui leur avait été allouée.

Les représentants d'un ouvrier étranger ne recevront aucune indemnité si, au moment de l'accident, ils ne résidaient pas sur le territoire français.

ART. 4. — Le chef d'entreprise supporte en outre les frais médicaux et pharmaceutiques et les frais funéraires. Ces derniers sont évalués à la somme de cent francs (100 fr.) au maximum.

Quant aux frais médicaux et pharmaceutiques, si la victime a fait choix elle-même de son médecin, le chef d'entreprise ne peut être tenu que jusqu'à concurrence de la somme fixée par le juge de paix du canton, conformément aux tarifs adoptés dans chaque département pour l'assistance médicale gratuite.

ART. 5. — Les chefs d'entreprise peuvent se décharger pendant les trente, soixante ou quatre-vingt-dix premiers jours à partir de l'accident, de l'obligation de payer aux victimes les frais de maladie et l'indemnité temporaire, ou une partie seulement de cette indemnité, comme il est spécifié ci-après, s'ils justifient :

1° Qu'ils ont affilié leurs ouvriers à des sociétés de secours mutuels et pris à leur charge une quote-part de la cotisation qui aura été déterminée d'un commun accord, et en se conformant aux statuts-type approuvés par le ministre compétent, mais qui ne devra pas être inférieure au tiers de cette cotisation ;

2° Que ces sociétés assurent à leurs membres, en cas de blessures, pendant trente, soixante ou quatre-vingt-dix jours, les soins médicaux et pharmaceutiques et une indemnité journalière.

Si l'idemnité journalière servie par la société est inférieure à la moitié du salaire quotidien de la victime, le chef d'entreprise est tenu de lui verser la différence.

ART. 6. — Les exploitants de mines, minières et carrières peuvent se décharger des frais et indemnités mentionnés à l'article précédent moyennant une subvention annuelle versée aux caisses ou sociétés de secours constituées dans ces entreprises en vertu de la loi du 29 juin 1894.

Le montant et les conditions de cette subvention devront être acceptés par la société et approuvés par le ministre des travaux publics.

Ces deux dispositions seront applicables à tous autres chefs d'industrie qui auront créé en faveur de leurs ouvriers des caisses particulières de secours en conformité du titre III de la loi du 29 juin 1894. L'approbation prévue ci-dessus sera, en ce qui les concerne, donnée par le ministre du commerce et de l'industrie.

ART. 7. — *Indépendamment de l'action résultant de la présente loi, la victime ou ses représentants conservent contre* les auteurs de l'accident, autres que le patron ou ses ouvriers et préposés, le droit de réclamer la réparation du préjudice causé, conformément aux règles du droit commun.

L'indemnité qui leur sera allouée exonérera à due concurrence le chef de l'entreprise des obligations mises à sa charge. Dans le cas où l'accident a entraîné une incapacité permanente ou la mort, cette indemnité devra être attribuée sous forme de rentes servies par la Caisse nationale des retraites.

En outre de cette allocation sous forme de rente, le tiers reconnu responsable pourra être condamné, soit envers la victime, soit envers le chef de l'entreprise, si celui-ci intervient dans l'instance, au paiement des autres indemnités et frais prévus aux articles 3 et 4 ci-dessus.

Cette action contre les tiers responsables pourra même être exercée par le chef d'entreprise, à ses risques et périls, au lieu et place de la victime ou de ses ayants droit, si ceux-ci négligent d'en faire usage. (Loi du 22 mars 1902.)

Art. 8. — Le salaire qui servira de base à la fixation de l'indemnité allouée à l'ouvrier âgé de moins de seize ans ou à l'apprenti victime d'un accident ne sera pas inférieur au salaire le plus bas des ouvriers valides de la même catégorie occupés dans l'entreprise.

Toutefois, dans le cas d'incapacité temporaire, l'indemnité de l'ouvrier âgé de moins de seize ans ne pourra pas dépasser le montant de son salaire.

Art. 9. — Lors du règlement définitif de la rente viagère, après le délai de révision prévu à l'article 19, la victime peut demander que le quart au plus du capital nécessaire à l'établissement de cette rente, calculé d'après les tarifs dressés pour les victimes d'accidents par la Caisse des retraites pour la vieillesse, lui soit attribué en espèces.

Elle peut aussi demander que ce capital, ou ce capital réduit du quart au plus comme il vient d'être dit, serve à constituer sur sa tête une rente viagère réversible, pour moitié au plus, sur la tête de son conjoint. Dans ce cas, la rente viagère sera diminuée de façon qu'il ne résulte de la réversibilité aucune augmentation de charges pour le chef d'entreprise.

Le tribunal, en chambre du conseil, statuera sur ces demandes.

Art. 10. — Le salaire servant de base à la fixation des rentes s'entend, pour l'ouvrier occupé dans l'entreprise, pendant les douze mois écoulés avant l'accident, de la rémunération effective qui lui a été allouée pendant ce temps, soit en argent, soit en nature.

Pour les ouvriers occupés pendant moins de douze mois avant l'accident, il doit s'entendre de la rémunération effective qu'ils ont reçue depuis leur entrée dans l'entreprise augmentée de la rémunération moyenne qu'ont reçue, pendant la période nécessaire pour compléter les douze mois, les ouvriers de la même catégorie.

Si le travail n'est pas continu, le salaire annuel est calculé tant d'après la rémunération reçue pendant la période d'activité que d'après le gain de l'ouvrier pendant le reste de l'année.

TITRE II

Déclaration des accidents et enquête

Art. 11. — *Tout accident ayant occasionné une incapacité de travail doit être déclaré dans les quarante-huit heures, non compris les dimanches et jours fériés, par le chef d'entreprise ou ses préposés, au maire de la commune qui en dresse procès-verbal et en délivre immédiatement récépissé.*

La déclaration et le procès-verbal doivent indiquer, dans la forme réglée par décret, les nom, qualité et adresse du chef d'entreprise, le lieu précis, l'heure et la nature de l'accident, les circonstances dans lesquelles il s'est produit, la nature des blessures, les noms et adresses des témoins.

Dans les quatre jours qui suivent l'accident, si la victime n'a pas repris son travail, le chef d'entreprise doit déposer à la mairie, qui lui en délivre immédiatement récépissé, un certificat de médecin indiquant l'état de la victime, les suites probables de l'accident, et l'époque à laquelle il sera possible d'en connaître le résultat définitif.

La déclaration d'accident pourra être faite dans les mêmes conditions par la victime ou ses représentants jusqu'à l'expiration de l'année qui suit l'accident.

Avis de l'accident, dans les formes réglées par décret, est donné immédiatement par le maire à l'inspecteur départemental du travail ou à l'ingénieur ordinaire des mines chargé de la surveillance de l'entreprise.

L'article 15 de la loi du 2 novembre 1892 et l'article 11 de la loi du 12 juin 1893 cessent d'être applicables dans les cas visés par la présente loi. (Loi du 22 mars 1902.)

Art. 12. — *Dans les vingt-quatre heures qui suivent le dépôt du certificat, et au plus tard dans les cinq jours qui suivent la déclaration de l'accident, le maire transmet au juge de paix du canton où l'accident s'est produit la déclaration et soit le certificat médical, soit l'attestation qu'il n'a pas été produit de certificat.*

Lorsque, d'après le certificat médical, produit en exécution du paragraphe précédent ou transmis ultérieurement par la victime à la justice de paix, la blessure paraît devoir entraîner la mort ou une incapacité permanente, absolue ou partielle de travail, ou lorsque la victime est décédée, le juge de paix, dans les vingt-quatre heures, procède à une enquête à l'effet de rechercher :

1° La cause, la nature et les circonstances de l'accident ;

2° Les personnes victimes et le lieu où elles se trouvent, le lieu et la date de leur naissance ;

3° La nature des lésions ;

4° Les ayants droit pouvant, le cas échéant, prétendre à une indemnité, le lieu et la date de leur naissance ;

5° Le salaire quotidien et le salaire annuel des victimes ;

6° La société d'assurance à laquelle le chef d'entreprise était assuré ou le syndicat de garantie auquel il était affilié.

Les allocations tarifées pour le juge de paix et son greffier en exécution de l'article 29 de la présente loi et de l'article 31 de la loi de finances du 13 avril 1900 seront avancées par le Trésor. (Loi du 22 mars 1902.)

ART. 13. — L'enquête a lieu contradictoirement dans les formes prescrites par les articles 35, 36, 37, 38 et 39 du Code de procédure civile, en présence des parties intéressées ou celles-ci convoquées d'urgence par lettre recommandée.

Le juge de paix doit se transporter auprès de la victime de l'accident qui se trouve dans l'impossibilité d'assister à l'enquête.

Lorsque le certificat médical ne lui paraîtra pas suffisant, le juge de paix pourra désigner un médecin pour examiner le blessé.

Il peut aussi commettre un expert pour l'assister dans l'enquête.

Il n'y a pas lieu, toutefois, à nomination d'experts dans les entreprises administrativement surveillées, ni dans celles de l'État placées sous le contrôle d'un service distinct du service de gestion, ni dans les établissements nationaux où s'effectuent des travaux que la sécurité publique oblige à tenir secrets. Dans ces divers cas les fonctionnaires chargés de la surveillance ou du contrôle de ces établissements ou entreprises et, en ce qui concerne les exploitations minières, les délégués à la sécurité des ouvriers mineurs, transmettent au juge de paix, pour être joint au procès-verbal d'enquête, un exemplaire de leur rapport.

Sauf les cas d'impossibilité matérielle, dûment constatés dans le procès-verbal, l'enquête doit être close dans le plus bref délai et, au plus tard, dans les dix jours à partir de l'accident. Le juge de paix avertit, par lettre recommandée les parties de la clôture de l'enquête et du dépôt de la minute au greffe, où elles pourront, pendant un délai de cinq jours, en prendre connaissance et s'en faire délivrer une expédition, affranchie du timbre et de l'enregistrement. A l'expiration de ce délai de cinq jours, le dossier de l'enquête est transmis au président du tribunal civil de l'arrondissement.

ART. 14. — Sont punis d'une amende de un à quinze francs (1 à 15 francs) les chefs d'industrie ou leurs préposés qui ont contrevenu aux dispositions de l'article 11.

En cas de récidive dans l'année, l'amende peut être élevée de seize à trois cents francs (16 à 300 fr.).

L'article 463 du Code pénal est applicable aux contraventions prévues par le présent article.

TITRE III

Compétence. — Juridictions. — Procédure. — Revision

Art. 15 — Les contestations entre les victimes d'accidents et les chefs d'entreprise, relatives aux frais funéraires, aux frais de maladie ou aux indemnités temporaires, sont jugées en dernier ressort par le juge de paix du canton où l'accident s'est produit, à quelque chiffre que la demande puisse s'élever.

Art. 16. — En ce qui touche les autres indemnités prévues par la présente loi, le président du tribunal de l'arrondissement convoque, dans les cinq jours à partir de la transmission du dossier, la victime ou ses ayants droit et le chef d'entreprise, qui peut se faire représenter.

S'il y a accord des parties intéressées, l'indemnité est définitivement fixée par l'ordonnance du président, qui donne acte de cet accord.

Si l'accord n'a pas lieu, l'affaire est renvoyée devant le tribunal, qui statue comme en matière sommaire, conformément au titre XXIV du livre II du Code de procédure civile.

Si la cause n'est pas en état, le tribunal surseoit à statuer et l'indemnité temporaire continuera à être servie jusqu'à la décision définitive.

Le tribunal pourra condamner le chef d'entreprise à payer une provision, sa décision sur ce point sera exécutoire nonobstant appel.

Art. 17. — *Les jugements rendus en vertu de la présente loi sont susceptibles d'appel selon les règles du droit commun. Toutefois l'appel, sous réserve des dispositions de l'article 449 du Code de procédure civile, devra être interjeté dans les trente jours de la date du jugement s'il est contradictoire, et, s'il est par défaut, dans la quinzaine, à partir du jour où l'opposition ne sera plus recevable.*

L'opposition ne sera plus recevable en cas de jugement par défaut contre partie, lorsque le jugement aura été signifié à personne, passé le délai de quinze jours, à partir de cette signification.

La cour statuera d'urgence dans le mois de l'acte d'appel. Les parties pourront se pourvoir en cassation.

Toutes les fois qu'une expertise médicale sera ordonnée, soit par le juge de paix, soit par le tribunal ou par la cour d'appel l'expert ne pourra être le médecin qui a soigné le blessé, ni un médecin attaché à l'entreprise ou à la société d'assurance à laquelle le chef d'entreprise est affilié. (Loi du 22 mars 1902.)

Art. 18. — *L'action en indemnité prévue par la présente loi se prescrit par un an à dater du jour de l'accident, ou de la clôture de l'enquête du juge de paix, ou de la cessation du paiement de l'indemnité temporaire.*

L'article 55 de la loi du 10 août 1871 et l'article 124 de la loi du 5 avril 1884 ne sont pas applicables aux instances suivies contre les départements ou les communes, en exécution de la présente loi. (Loi du 22 mars 1902.)

ART. 19. — La demande en revision de l'indemnité fondée sur une aggravation ou une atténuation de l'infirmité de la victime ou son décès par suite des conséquences de l'accident, est ouverte pendant trois ans à dater de l'accord intervenu entre les parties ou de la décision définitive.

Le titre de pension n'est remis à la victime qu'à l'expiration des trois ans.

ART. 20. — *Aucune des indemnités déterminées par la présente loi ne peut être attribuée à la victime qui a intentionnellement provoqué l'accident.*

Le tribunal a le droit, s'il est prouvé que l'accident est dû à une faute inexcusable de l'ouvrier, de diminuer la pension fixée au titre Ier.

Lorsqu'il est prouvé que l'accident est dû à la faute inexcusable du patron ou de ceux qu'il s'est substitués dans la direction, l'indemnité pourra être majorée, mais sans que la rente ou le total des rentes allouées puisse dépasser, soit la réduction, soit le montant du salaire annuel.

En cas de poursuites criminelles, les pièces de procédure seront communiquées à la victime ou à ses ayants droit.

Le même droit appartiendra au patron ou à ses ayants droits. (Loi du 22 mars 1902.)

ART. 21. — Les parties peuvent toujours, après détermination du chiffre de l'idemnité due à la victime de l'accident, décider que le service de la pension sera suspendu et remplacé, tant que l'accord subsistera, par tout autre mode de réparation.

Sauf dans le cas prévu à l'article 3, paragraphe A, la pension ne pourra être remplacée par le paiement d'un capital que si elle n'est pas supérieure à 100 francs.

ART. 22. — *Le bénéfice de l'assistance judiciaire est accordé de plein droit, sur le visa du procureur de la République, à la victime de l'accident ou à ses ayants droit devant le président du tribunal civil et devant le tribunal.*

Le procureur de la République procède comme il est prescrit à l'article 13 (§§ 2 et suivants) de la loi du 22 janvier 1851, modifiée par la loi du 10 juillet 1901.

Le bénéfice de l'assistance judiciaire s'applique de plein droit à l'acte d'appel. Le premier président de la cour, sur la demande qui lui sera adressée à cet effet, désignera l'avoué près la cour dont la constitution figurera dans l'acte d'appel, et commettra un huissier pour le signifier.

Si la victime de l'accident se pourvoit devant le bureau

d'assistance judiciaire pour en obtenir le bénéfice en vue de toute la procédure d'appel, elle sera dispensée de fournir les pièces justificatives de son indigence.

Le bénéfice de l'assistance judiciaire s'étend de plein droit aux instances devant le juge de paix, à tous les actes d'exécution mobilière et immobilière et à toute contestation incidente à l'exécution des décisions judiciaires.

L'assisté devra faire déterminer par le bureau d'assistance judiciaire de son domicile la nature des actes et procédure d'exécution auxquels l'assistance s'appliquera. (Loi du 22 mars 1902.)

TITRE IV

Garanties

ART. 23. — La créance de la victime de l'accident ou de ses ayants droit relative aux frais médicaux, pharmaceutiques et funéraires ainsi qu'aux indemnités allouées à la suite de l'incapacité temporaire de travail, est garantie par le privilège de l'article 2101 du Code civil et y sera inscrite sous le n° 6.

Le paiement des indemnités pour incapacité permanente de travail ou accidents suivis de mort est garanti conformément aux dispositions des articles suivants.

ART. 24. — A défaut, soit par les chefs d'entreprise débiteurs, soit par les sociétés d'assurances à primes fixes ou les syndicats de garantie liant solidairement tous les adhérents, de s'acquitter, au moment de leur exigibilité, des indemnités mises à leur charge à la suite d'accidents ayant entraîné la mort ou une incapacité permanente de travail, le paiement en sera assuré aux intéressés par les soins de la Caisse nationale des retraites pour la vieillesse, au moyen d'un fonds spécial de garantie constitué comme il va être dit et dont la gestion sera confiée à ladite Caisse.

ART. 25. — Pour la constitution du fonds spécial de garantie, il sera ajouté au principal de la contribution des patentes des industriels visés par l'article 1er, quatre centimes (0 fr.04) additionnels. Il sera perçu sur les mines une taxe de cinq centimes (0 fr. 05) par hectare concédé.

Ces taxes pourront, suivant les besoins, être majorées ou réduites par la loi des finances.

ART. 26. — La Caisse nationale des retraites exercera un recours contre les chefs d'entreprise débiteurs, pour le compte desquels des sommes auront été payées par elle, conformément aux dispositions qui précèdent.

En cas d'assurance du chef d'entreprise, elle jouira, pour le remboursement de ses avances, du privilège de l'article 2102 du Code civil sur l'indemnité due par l'assureur et n'aura plus de recours contre le chef d'entreprise.

Un règlement d'administration publique déterminera les

conditions d'organisation et de fonctionnement du service conféré par les dispositions précédentes à la Caisse nationale des retraites et, notamment, les formes du recours à exercer contre les chefs d'entreprise débiteurs ou les sociétés d'assurances et les syndicats de garantie, ainsi que les conditions dans lesquelles les victimes d'accidents ou leurs ayants droit seront admis à réclamer à la Caisse le paiement de leurs indemnités.

Les décisions judiciaires n'emporteront hypothèque que si elles sont rendues au profit de la Caisse des retraites exerçant son recours contre les chefs d'entreprise ou les compagnies d'assurances.

ART. 27. — Les compagnies d'assurances mutuelles ou à primes fixes contre les accidents, françaises ou étrangères, sont soumises à la surveillance et au contrôle de l'Etat et astreintes à constituer des réserves ou cautionnements dans les conditions déterminées par un règlement d'administration publique.

Le montant des réserves ou cautionnements sera affecté par privilège au paiement des pensions et indemnités.

Les syndicats de garantie seront soumis à la même surveillance et un règlement d'administration publique déterminera les conditions de leur création et de leur fonctionnement.

Les frais de toute nature résultant de la surveillance et du contrôle seront ouverts au moyen de contributions proportionnelles au montant des réserves ou cautionnements, et fixés annuellement, pour chaque compagnie ou association par arrêté du ministre du commerce.

ART. 28. — Le versement du capital représentatif des pensions allouées en vertu de la présente loi ne peut être exigé des débiteurs.

Toutefois, les débiteurs qui désireront se libérer en une fois pourront verser le capital représentatif de ces pensions à la Caisse nationale des retraites, qui établira à cet effet, dans les six mois de la promulgation de la présente loi, un tarif tenant compte de la mortalité des victimes d'accidents et de leurs ayants droit.

Lorsqu'un chef d'entreprise cesse son industrie, soit volontairement, soit par décès, liquidation judiciaire ou faillite, soit par cession d'établissement, le capital représentatif des pensions à sa charge devient exigible de plein droit et sera versé à la Caisse nationale des retraites. Ce capital sera déterminé au jour de son exigibilité, d'après le tarif visé au paragraphe précédent.

Toutefois, le chef d'entreprise ou ses ayants droit peuvent être exonérés du versement de ce capital, s'ils fournissent des garanties qui seront à déterminer par un règlement d'administration publique.

TITRE V

Dispositions générales

Art. 29. — Les procès-verbaux, certificats, actes de notoriété, significations, jugements et autres actes faits ou rendus en vertu et pour l'exécution de la présente loi, sont délivrés gratuitement, visés pour timbre et enregistrés gratis lorsqu'il y a lieu à la formalité de l'enregistrement.

Dans les six mois de la promulgation de la présente loi, un décret déterminera les émoluments des greffiers de justice de paix pour leur assistance et la rédaction des actes de notoriété, procès-verbaux, certificats, significations, jugements, envois de lettres recommandées, extraits, dépôts de la minute d'enquête au greffe, et pour tous les actes nécessités par l'application de la présente loi, ainsi que les frais de transport auprès des victimes et d'enquête sur place.

Art. 30. — Toute convention contraire à la présente loi est nulle de plein droit.

Art. 31. — Les chefs d'entreprise sont tenus, sous peine d'une amende de un à quinze francs (1 à 15 fr.), de faire afficher dans chaque atelier la présente loi et les règlements d'administration relatifs à son exécution.

En cas de récidive dans la même année, l'amende sera de seize à cent francs (16 à 100 fr.).

Les infractions aux dispositions des articles 11 et 31 pourront être constatées par les inspecteurs du travail.

Art. 32. — Il n'est point dérogé aux lois, ordonnances et règlements concernant les pensions des ouvriers, apprentis et journaliers appartenant aux ateliers de la marine et celles des ouvriers immatriculés des manufactures d'armes dépendant du ministère de la Guerre.

Art. 33. — La présente loi ne sera applicable que dans trois mois après la publication officielle des décrets d'administration publique qui doivent en régler l'exécution.

Art. 34. — Un règlement d'administration publique déterminera les conditions dans lesquelles la présente loi pourra être appliquée à l'Algérie et aux colonies.

La présente loi, délibérée et adoptée par le Sénat et par la Chambre des Députés, sera exécutée comme loi de l'État.

TABLE DES MATIÈRES

TOULON — IMPRIMERIE DU « PETIT VAR »

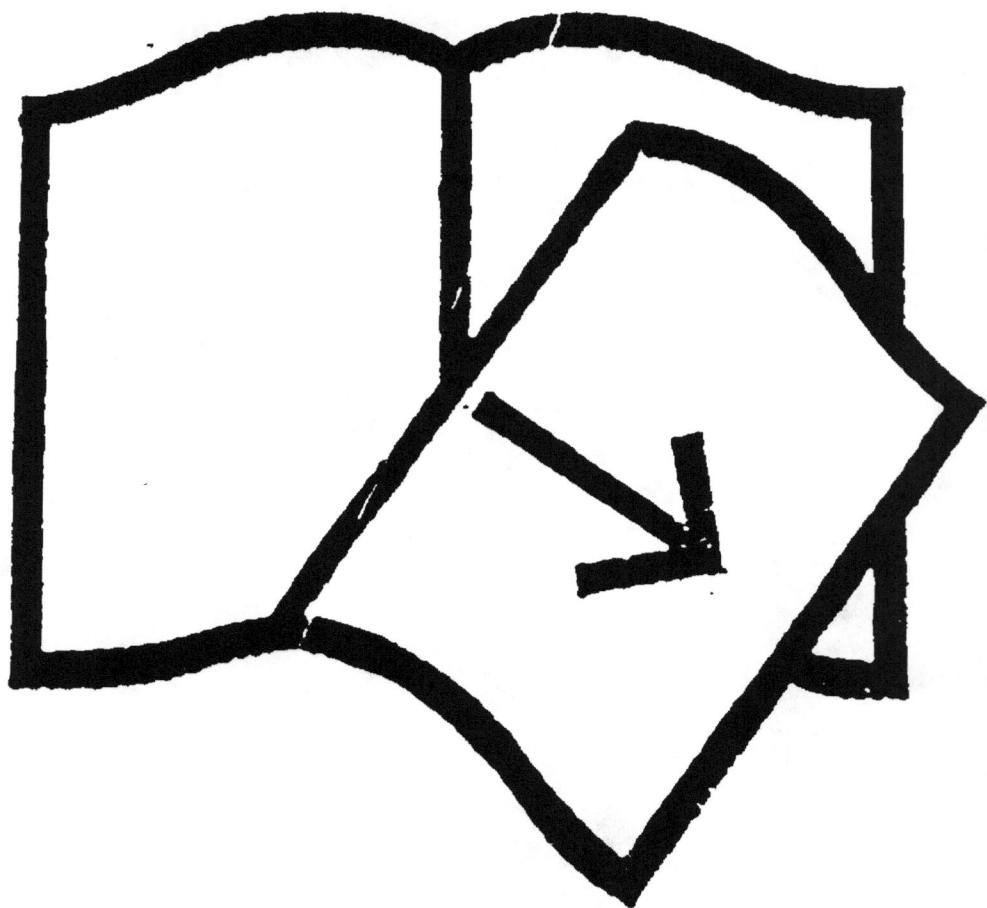

Documents manquants (pages, cahiers...)
NFZ 43-120-13

www.ingramcontent.com/pod-product-compliance
Lightning Source LLC
Chambersburg PA
CBHW070805290326
41931CB00011BA/2140